ALPSEGEN ALPTRAUM

Für eine Tourismus-Entwicklung im Einklang mit Mensch und Natur

Jost Krippendorf (Text)

Hansruedi Müller (Grundlagen)

Unter Mitwirkung von:

Heino Apel, Martin Baumgartner, Jacques-Henri Bichsel, Laurent Bridel, Ernst A. Brugger, Martin Coendet, Charly Darbellay, Hans Ulrich Felber, Jean François Fracheboud, Georges Grosjean, Kurt Großenbacher, Martin Grunder, Christian von Grünigen, Thomas Günter, Heinz D. Hänni, Hansruedi Henz, Fritz Hoppler, Peter Keller, Urs Kneubühl, Theo Keller, Rolf Juoch, Fritz Kupfer, Rolf Kyburz, Heinz Langenegger, Christian Leibundgut, Hartmut Leser, Françoise Lieberherr, Roland Luder, Franz Mattig, Andreas Meister, Edi Meisterhans, Bruno Messerli, Paul Messerli, Ellen Meyrat-Schlee, Hansruedi Moser, Thomas Mosimann, Antoine Muller, Jürg Paul Müller, Ruedi Nägeli, Hans Pfister, Rudolf Pulver, René Quillet, Ernst Reinhardt, Benoît Renevey, Theo Ritz, Martin Rotach, Ulrich Roth, Daniel Ryter, Thomas Scheurer, Herbert Schläpfer, Beat Schmid, Martin Schwarze, Fritz Hans Schwarzenbach, Erwin Stucki, Beat Stucki, André Veillon, Richard Volz, Herbert Wanner, Urs Wiesmann, Otto Wildi, Hanspeter Zeiter.

Peter Villiger (Gestaltung)

Publikation aus dem Nationalen Forschungsprogramm «Sozio-ökonomische Entwicklung und ökologische Belastbarkeit im Berggebiet» des Schweizerischen Nationalfonds und Beitrag der Schweiz zum UNESCO-Programm «Mensch und Biosphäre» (MAB).

© 1986 Kümmerly + Frey, Geographischer Verlag, Bern
Herausgeber: MAB-Programmleitung, Geographisches Institut der Universität Bern gemeinsam mit Forschungsinstitut für Freizeit und Tourismus an der Universität Bern
ISBN 3-259-06201-7

Warum diese Broschüre? (6)

1.
Die schöne Geschichte des Tourismus als Lebensretter (Entwicklungsgeschichte 1. Teil)

Landschaft (9) – Bergbevölkerung (9) – Landwirtschaft (10) – Touristen (11) – Gastgewerbe (13) – Transportmittel (14) – Infrastruktur (15) – Parahotellerie (15) – Gewerbe (16) – Dienstleistungsbetriebe (16)

Die 7 Nutzen des Tourismus:
- Stoppt die Abwanderung (18)
- Schafft Arbeitsplätze (19)
- Bringt Einkommen (20)
- Finanziert Infrastruktur (21)
- Verbessert Wohnverhältnisse (22)
- Stützt die Landwirtschaft und trägt zur Landschaftspflege bei (23)
- Stärkt das Selbstbewußtsein und das Zugehörigkeitsgefühl der Bergbevölkerung (25)

2.
Die bedenkliche Geschichte des Tourismus als Lebensbedroher (Entwicklungsgeschichte 2. Teil)

Infrastruktur (26) – Transportanlagen (26) – Parahotellerie (27) – Gewerbe (29) – Gastgewerbe (30) – Dienstleistungsbetriebe (31) – Touristen (31) – Bergbevölkerung (33) – Landwirtschaft (34) – Landschaft (35) – Wasser und Luft (35)

Die 7 Gefahren des Tourismus:
- Führt zu einer einbeinigen und anfälligen Wirtschaftsstruktur (38)
- Wächst einseitig und unkoordiniert und höhlt seine eigene Ertragskraft aus (39)
- Verschleißt Boden (40)
- Belastet Natur und Landschaft (42)
- Bringt der ansässigen Bevölkerung Fremdbestimmung und Abhängigkeit (43)
- Untergräbt die Eigenart der einheimischen Kultur (44)
- Birgt soziale Spannungen und vergrößert Ungleichgewichte (45)

3.
Die entscheidende Frage nach dem Saldo der Kosten und Nutzen

- Das Verhältnis aller Kosten und Nutzen ist wichtig, nicht der einzelne Vor- oder Nachteil (49)
- Die gesellschaftlichen und ökologischen Kosten und Gefahren sind der Preis für den wirtschaftlichen Nutzen (49)
- Das Gleichgewicht ist äußerst empfindlich (49)
- Die Verhältnisse sind zwar von Ort zu Ort verschieden... (50)
- ...aber allgemein ist ein quantitatives Tourismuswachstum mit abnehmenden Erträgen und zunehmenden Problemen vorherrschend (51)
- Der «Aufstand der Bereisten» als Hoffnung (53)

Alpsegen oder Bet-Ruf:
Nach der Beendigung
des Alptages laut
über die Alp gerufenes
Abendgebet.
Anrufung von Gott, Maria
und den Heiligen
zum Schutz der Alp,
der Tiere und Menschen
vor Ungeheuern
und Naturgewalten.

Alptraum oder Albdruck:
Schlechter Traum, Vision,
Angsttraum. Alp/Alb:
Dämonenname.
Sagen berichten von
Alp-Abwehr gegen
den nächtlich-drückenden
Dämon.

4.
Die «Tourismuswachstumsmaschine» – ein einfaches Erklärungsmodell für den großen Zusammenhang

Der Wachstumskreisel (56) – Der Wohlstandskreisel (57) – Der Landwirtschaftskreisel (58) – Der Natur- und Landschaftskreisel (60) – Der Kulturkreisel (60)

5.
Welche Zukunft wollen wir? – Verschiedene Bilder zum Ausmalen

- Die allgemeine Zielsetzung (63)
- Szenario 1: «Quantitatives Wachstum» (65): «Die landschaftsschonende Konzentrationsvariante» (66) – «Die landschaftsfressende Ausuferungsvariante» (66)
- Szenario 2: «Nullwachstum» (69)

6.
Die sanfte Wende: Das Szenario «Qualitatives Wachstum»

- Ausgangspunkt: Die Symbiose Tourismus/Landwirtschaft als zukunftsversprechendes Leitbild (72)
- Was heißt «qualitatives Wachstum»? (73)
- Szenario 3: «Qualitatives Wachstum» (74)
- Allgemeine Lehren und Folgerungen aus dem qualitativen Wachstumsszenario (77)

7.
Zehn Grundsätze für eine Tourismus-Entwicklung in Einklang mit Mensch und Natur

- Grundsatz 1: Die Notwendigkeit des Eingriffs einsehen (80)
- Grundsatz 2: Die schwächeren Elemente im Gefüge stärken und auswuchernde Elemente zurückbinden (80)
- Grundsatz 3: Ausbauziele verbindlich festlegen (81)
- Grundsatz 4: Die Kontrolle über Grund und Boden behalten – eine aktive Raumordnungs- und Bodenpolitik betreiben (81)
- Grundsatz 5: Eine zurückhaltende Erschließungspolitik verfolgen (82)
- Grundsatz 6: Natur und Landschaft wirksam schützen – für eine «grüne» Entwicklungspolitik einstehen (82)
- Grundsatz 7: Die Land- und Forstwirtschaft stärken und als Partner gewinnen (83)
- Grundsatz 8: Den Fächer der wirtschaftlichen Tätigkeiten gezielt verbreitern – die Qualität der Arbeitsplätze verbessern (84)
- Grundsatz 9: Die einheimische Kultur pflegen (84)
- Grundsatz 10: Das Tourismus-Marketing und die Information in den Dienst des «sanften» Entwicklungskonzeptes stellen (85)

Literaturverzeichnis (86)
Fotonachweis (88)

Warum diese Broschüre?

Viele von uns sind in Sorge: Das lebensnotwendige Gleichgewicht zwischen der Natur und unseren menschlichen Aktivitäten gerät immer mehr in Gefahr. Weltweit, überall – auch in der Schweiz. Die Alarmglocke läuten ist eines. Viel wichtiger ist es, uns Menschen zu einem Um-denken und Um-handeln zu veranlassen. Dazu bedarf es stichhaltiger und verläßlicher Informationen und überzeugender Vorschläge.

Im Auftrag des Schweizerischen Bundesrates hat der Nationalfonds zur Förderung der wissenschaftlichen Forschung Ende der siebziger Jahre ein umfassendes Forschungsprogramm als Teil einer großangelegten UNESCO-Untersuchung eingeleitet. Sein Name: MAB, die englische Abkürzung für «Mensch und Biosphäre». Die Schweizer Forscher stellten sich die Frage: «Wie kann das Berggebiet als Lebens-, Wirtschafts-, Erholungs- und Naturraum langfristig erhalten werden?» Eine für unser Land überaus bedeutungsvolle Fragestellung. Mehr als 40 Wissenschafter verschiedener Disziplinen – Geographen, Ökonomen, Soziologen, Zoologen, Ingenieure, Förster und andere – haben sich in jahrelangen Recherchen bemüht, den Zusammenhängen auf die Spur zu kommen und zu Lösungen vorzustoßen. Die MAB-Forscher arbeiteten in vier Testregionen: in Grindelwald, in Davos, im Pays-d'Enhaut und im Aletschgebiet. Man wollte dreierlei herausfinden: Wie funktioniert dieses komplizierte ökonomisch-ökologische System einer alpinen Region überhaupt, wie stark ist es belastbar und wie kann man es steuern? Die Unterschiede zwischen den vier Testregionen sollten Gewähr dafür bieten, daß alle wichtigen Problemstellungen berücksichtigt worden sind.

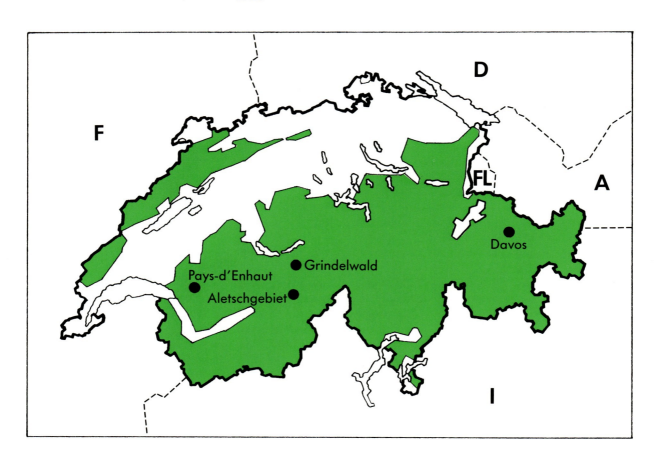

Die Ergebnisse liegen vor, in umfangreichen wissenschaftlichen Berichten festgehalten. Aber sie dürfen nicht einem kleinen Kreis von Wissenschaftern vorbehalten bleiben, sondern sie sollen uns allen zugänglich gemacht werden. Denn sie gehen uns alle etwas an. Das ist auch der Zweck dieser Broschüre: Das Allerwichtigste in Kürze präsentieren und an möglichst viele Menschen herantragen.

Vieles, was hier geschrieben steht, gilt nicht nur für die schweizerischen Bergregionen. Es gibt Gesetzmäßigkeiten in der touristischen Entwicklung, die überall auftreten. Im engeren Sinne aber bezieht sich die Schrift auf das schweizerische Berggebiet und seine Gemeinden. Das Alpengebiet umfaßt etwa zwei Drittel der Gesamtfläche unseres Landes. Rund ein Fünftel der schweizerischen Wohnbevölkerung lebt hier. Mit Ausnahme einiger weniger industrialisierter Zonen in bestimmten Talsohlen ist das gesamte Berggebiet auch Tourismusgebiet. In der Statistik läßt sich dies jedoch nicht immer so klar abgrenzen. Nie jedoch beeinträchtigt dieser «kleine statistische Fehler» den Grundgehalt der Aussagen.

Die vorliegende Schrift will alle von der touristischen Entwicklung Betroffenen – und das sind wir in der Schweiz doch fast alle! – für das Thema interessieren und Problembewußtsein wecken. Darüber hinaus möchte sie aufzeigen, wie der Weg zu einer Tourismusentwicklung in Einklang mit Mensch und Natur zu finden ist. Verdeutlichen auch, welchen Beitrag alle die vielen Verantwortlichen der Tourismusentwicklung dazu leisten können und müssen. Ein jeder von uns ist da ausdrücklich mit eingeschlossen – ob als Tourist oder als Bewohner einer Berggemeinde. Ein jeder von uns, ganz persönlich.

1.
Die schöne Geschichte vom Tourismus als Lebensretter

(Entwicklungsgeschichte 1. Teil)

Die Geschichte, die wir hier erzählen wollen, beginnt vor kaum mehr als 100 Jahren und reicht bis in die Gegenwart. Vielleicht wird sie auch in Zukunft so weitergehen – es sei denn, wir wollen, daß es anders wird. Es ist ein Drehbuch, das so oder ähnlich vielerorts im schweizerischen Berggebiet abläuft. Eine typische Geschichte also, eine wahre auch.

Der erste Teil der Geschichte berichtet, wie der Tourismus in unsere Alpentäler gekommen ist und welchen Nutzen er gebracht hat.

Am Anfang stand und steht die **Landschaft.** Um sie dreht sich alles. Die herrliche Naturlandschaft der Alpen mit ihren majestätischen Gipfeln, den steil aufragenden Bergflanken, den herabstürzenden Bächen, den schattigen Talsohlen, den saftigen Bergwiesen, den schneebedeckten Firnen und Abhängen, den zerklüfteten Felsen, den bewaldeten Kuppen, den seltenen Tieren. Ein **Naturraum** von wilder Schönheit und rauhem Klima. Respekterheischend, früher sogar angsteinflößend. Diese Berglandschaft hat seit jeher eine attraktive Wirkung auf den Menschen ausgeübt. Wer hat nicht alles versucht, sie zu besingen, zu beschreiben, zu bezwingen und ... zu bewohnen. Einige haben sie auch verflucht.

Diese Berglandschaft war auch immer **Lebensraum** von Menschen. Die **Bergbevölkerung.** Ein Menschenschlag, seit jeher mit der Heimat stark verbunden, ursprünglich und traditionsbewußt, innenorientiert, weil auf sich selbst angewiesen. Menschen, die sich bemühten, unter harten Bedingungen ihr Leben zu fristen. Menschen, die nahe zusammengerückt in kleinen geschlossenen Bergdörfern wohnten oder allein auf verstreuten Einzelhöfen lebten, in Häusern und Siedlungen aus hiesigem Material gebaut, der Landschaft angepaßt und untergeordnet. Menschen, abgeschieden und oftmals auch abgeschnitten von der übrigen Welt. Ihr Problem: den Naturraum als Lebensraum zu gestalten.

Früher lebte die Bergbevölkerung überwiegend von der **Landwirtschaft** und von einigen Einkünften aus dem Säumerverkehr. Die Berglandschaft also nicht nur als Natur- und Lebensraum, sondern auch als **Wirtschaftsraum.** Am Anfang vor allem als Landwirtschaftsraum. Die Landnutzung war damals gekennzeichnet durch das Streben nach Selbstversorgung. Hauptzweig war die Viehwirtschaft. Ein paar Kühe, Schafe, Ziegen – manchmal auch ein paar Schweine oder Hühner. Daneben der Ackerbau zur Selbstversorgung mit Brotgetreide und Kartoffeln.

Der Dreiklang Landschaft, Ortsansässige und Landwirtschaft war ein «autarkes», das heißt sich selbst erhaltendes und genügendes System. Aber die Arbeitsbedingungen in dieser Überlebenswirtschaft waren hart, die notwendigen Arbeitsleistungen überdurchschnittlich, das Einkommen jedoch knapp, zu knapp manchmal. Der karge Boden, die steilen Hänge, das rauhe Klima brachten nur schmale Erträge. Für viele zu wenig, um zu überleben. Existenzsorgen quälten. Ganze Familien wanderten ab. Manchmal ins ferne Ausland. Die Städte im Mittelland begannen, mit gutbezahlten industriellen Arbeitsplätzen zu werben. Die Landflucht, der Ausbruch aus der Isolation hatten eingesetzt. Und weil in den Städten die industrielle Entwicklung rasch voranschritt, vergrößerten sich die Unterschiede im Lebensstandard zwischen Berg- und Talgebiet schnell. Und mit ihnen verstärkte sich die Sogwirkung der Städte weiter. Vor allem auch die Jungen zog es ins Unterland.

Nicht nur die schweren Arbeitsbedingungen, auch die Unterversorgung mit Infrastruktur, die fehlenden Schulen und kulturellen Einrichtungen, das mangelhafte Gesundheitswesen und vieles andere noch machten dem Berggebiet mehr und mehr zu schaffen. Die Bevölkerungsstruktur begann sich zu verändern. Eine zunehmende Überalterung stellte sich ein. Nur noch die Alten blieben. Bauern, die der Scholle treu bleiben wollten, fanden keine Frauen mehr, die bereit waren, das harte Schicksal mit ihnen zu teilen. Und immer größer wurden die Schwierigkeiten der Berggemeinden, auch nur den dringendsten Nachholbedarf bei den Infrastrukturanlagen zu finanzieren. Ihr Steueraufkommen war zu klein und wurde mit jedem Tag schmäler. Ein eigentlicher Teufelskreis.

Die Abwanderung erschien vielen als die einzige Möglichkeit, aus diesem Leben der Entbehrungen auszubrechen. Mit massiven Subventionen und Beiträgen versuchte der Bund, diesen Prozeß aufzuhalten und der notleidenden Berglandwirtschaft unter die Arme zu greifen. Umfangreiche Meliorationen wurden durchgeführt, die Erstellung von Zufahrtswegen, der Um- oder Neubau von Ställen und Höfen, der Bau von Wasserversorgungen und die Einrichtung von Düngeanlagen vorangetrieben, Einkommenszuschüsse aller Art ausgerichtet. Es wurden damit zwar die Grundlagen zu einer rationelleren und rentableren Alpwirtschaft gelegt und die Erosion der Berglandwirtschaft etwas gebremst. Aufhalten ließ sie sich jedoch nicht. Von einer Umkehr des Trends ganz zu schweigen. Im Gegenteil: Die Entwicklungsunterschiede zwischen Bergland und Tiefland vergrößerten sich weiter.

Angesichts dieser Situation ist es nur allzu verständlich, daß die Bergbevölkerung die **Touristen** und den aufkommenden Tourismus überhaupt als wirtschaftlichen Rettungsanker betrachtete und alle Hoffnung in sie setzte. Touristen, das sind vor allem Menschen, die in städtischen Gebieten wohnen und in industrialisierte Arbeitsprozesse eingeschaltet sind. Sie sehen und erleben die Alpengebiete und die dort wohnenden Menschen als eine Art Gegenwelt zu ihrem Alltag. Als eine naturnah gebliebene schöne Landschaft. Als **Erholungsraum,** wo man neue Kräfte tanken kann. Was in den Augen des Städters romantisch, unberührt, intakt und heil erscheint, das war es für die Einheimischen schon damals nicht mehr, als die ersten Touristen kamen. Diesen aber blieben die Sorgen der Bergbevölkerung meist verborgen. Die Berglandschaft als Sonntagswelt, wie auf der Postkarte.

Schon zu früheren Zeiten – man weiß es aus Geschichtsbüchern und erinnert sich an die Postkutschen-Bilder – hatten sich vereinzelte Touristen ins Berggebiet «verirrt». Die Hospize an unseren Paßstraßen nahmen sie auf. Aber erst mit der großräumigen Verkehrserschließung in der zweiten Hälfte des 19. Jahrhunderts, mit dem Bau der Eisenbahnen und mit dem Ausbau der Straßen öffnete sich das Berggebiet den Touristenströmen. Im vormals geschlossenen System Landschaft/Bergbevölkerung/Landwirtschaft waren große Tore geöffnet worden, Tore des Ausbruchs, aber vor allem auch Tore des «Einbruchs»: Man war plötzlich mit der Außenwelt verbunden, nicht mehr allein und wurde von ihr aufgesucht. Im Jahre 1985 feierte die Schweiz 100 Jahre Wintertourismus. Selbst im eisigen Winter also pilgern Touristen schon seit langem in die Alpen. Und solche, die in den Bergen im Sommer die Frische suchen, gibt es seit noch längerer Zeit. Der große Tourismusboom allerdings trat erst nach dem Zweiten Weltkrieg ein, obwohl einige alpine Fremdenorte schon vor dem Ersten Weltkrieg eine erste Blütezeit – die Belle Epoque – erlebt hatten.

Der Tourismus bietet sich für viele gestreßte Menschen als Ausweg an, als befreiende Freizeitform außerhalb des Alltags. So ist das Berggebiet für viele zu einem bevorzugten Erholungsraum geworden. Die europäischen Alpen sind das am zentralsten gelegene Erholungsgebiet der Welt überhaupt: Gegen 40 Millionen Touristen suchen hier jährlich ihren Ferienspaß.

Meinungsuntersuchungen bei Touristen in der Schweiz bestätigen es: 86% der Wintergäste und 90% der Sommergäste messen der Qualität von Umwelt und Landschaft erstrangige Bedeutung zu. Sie ist die touristische Attraktion Nr. 1. Von den 10 für die Touristen wichtigsten Angebotselementen haben 7 direkt oder indirekt mit der Berglandschaft und der Bergbevölkerung zu tun (Zahlen 1985).

Die Berglandschaft, die der ansässigen Bevölkerung ehemals so viel Sorge bereitete, ist zu einem Gut geworden, das sich verkaufen läßt, das Arbeitsplätze schafft und Einkommen produziert. Was vormals «unproduktives» Land war, ist – touristisch genutzt – mit einem Schlag hochgradig produktiv. Rund zwei Drittel der gesamten Bodenfläche der Schweiz entfallen auf Land, das man im herkömmlichen Sinne als unproduktiv bezeichnet. Es sind das Hochgebirge, Fels, Schnee und Gletschereis, die Seen und Flüsse, der Wald, die hochgelegenen Alpweiden und Heuwiesen. Aber gerade diese Elemente üben auf die Touristen die größte Anziehungskraft aus. Sie bilden den wichtigsten Erlebniswert der Landschaft. Ihretwegen fährt man in die Berge. Wenn also ein Gebiet nach der offiziellen Statistik einen großen Anteil an sogenanntem unproduktivem Land aufweist, dann ist es offenbar für den Tourismus besonders gut geeignet. Man beachte bloß die Verhältniszahlen bei den typischen Tourismuskantonen Graubünden, Wallis oder Tessin, deren Bergtäler einst zu den ärmsten Gegenden Europas gehört hatten. Da ist es plötzlich kein Handicap mehr, wenn die sogenannt produktiven Flächen – das Land also, das für unser alltägliches Leben, für Siedlungen und Landwirtschaft, für Straßen, Bahnen und Flugplätze zur Verfügung steht – nur einen kleinen Anteil ausmachen. Im schweizerischen Durchschnitt ist es rund ein Drittel, in den genannten Tourismuskantonen nur ein Sechstel oder sogar noch weniger. Kurz: Für den Tourismus ist die Landschaft Rohstoff, Existenzgrundlage und Wirtschaftsmotor zugleich.

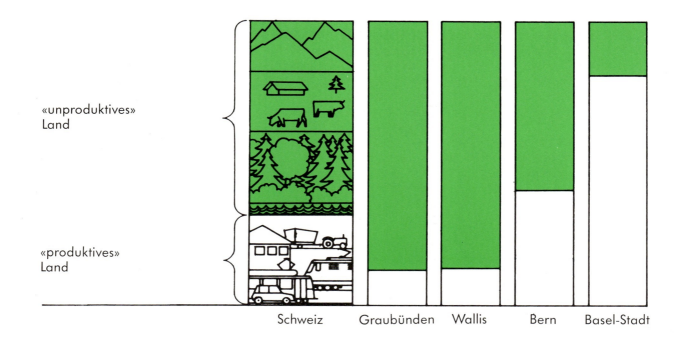

Doch noch einmal zurück zu den Anfängen. Von selbst ist der Alpentourismus nicht zu dem geworden, was er heute ist. Ebensowenig wie der Mensch als Tourist geboren worden ist. «Jahrhundertelang war das Reisen etwas Widerwärtiges, mit Verspätungen, Unfällen, allerlei Gefahren verbunden: eine Plackerei. Nicht einer von Tausenden verließ seinen Wohnort um des Vergnügens willen, ein anderes Land zu sehen. Nicht umsonst hat man Reisefieber, auch heute noch. Es brauchte eine jahrhundertelange Geduld und mancherlei Listen, einen anständigen Menschen zu überzeugen, der Aufbruch ins Ungewisse sei ein Vergnügen wert...» (aus: Schweizer Pioniere der Hotellerie). Die Fremdenindustrie, wie man das massenhafte Reisen früher nannte, ist vielleicht eine der genialsten Schweizer Erfindungen. Zu ihren Entdeckern und Wegbereitern gehörten vor allem die Schweizer Pioniere der Hotellerie, die ideen-

reichen Begründer des **Gastgewerbes.** Die Durrer, Bucher, Seiler, Ritz, Badrutt, Bon und wie sie alle hießen. Hotelpioniere tauchten überall auf. Zuerst im Berner Oberland, dann rund um den Vierwaldstättersee und an den Ufern des Genfersees, etwas später in den abgelegenen Kantonen Wallis, Graubünden und Tessin. «An Seeufern und Bergflanken, auf den Gipfeln und in den Schluchten, an den abgelegensten und schwindelerregendsten Stellen des Paradieses wachsen Hotelpaläste aus dem Boden. So fremd und verloren, so geheimnisvoll erhaben wie Ozeanriesen, die in der Nacht still vorbeigleiten, an Bord eine Welt für sich» (aus: Die Erfindung vom Paradies). Jean-Jacques Rousseau und andere Literaten und Gelehrte hatten mit ihren Naturbeschreibungen und Reiseerzählungen den Boden gut vorbereitet. Aber ohne den Wagemut und den Unternehmergeist der Hotelpioniere hätte es den touristischen Aufschwung nie gegeben. Viele der Grand Hotels und Palaces – die oft belächelten «Hotelkästen» von gestern – haben die Zeit überlebt und werden heute neu entdeckt. Sie waren ursprünglich gebaut worden, um den Fremden das Alpenerlebnis im Sommer zugänglich zu machen. Im Jahre 1866 schließt der St. Moritzer Hotelier Badrutt mit ein paar «verrückten» englischen Gästen die berühmte Wette ab und lädt sie im Winter zu sich ins Hotel ein. Sie nehmen an. Der Wettergott spielt mit. St. Moritz ist lanciert, der Wintertourismus erfunden. Das Gastgewerbe – auch heute noch als Rückgrat des Schweizer Tourismus bezeichnet – entwickelte sich schnell. Markante Hotelarchitektur begann überall das Landschaftsbild zu prägen. Das klassische Hotelzeitalter im Schweizer Tourismus erlebte vor dem Ausbruch des Ersten Weltkrieges seine Höhepunkte. Damals gab es in unserem Land schon rund 215 000 Hotelbetten, eine Zahl, die inzwischen auf bloß 275 000 angewachsen ist.

Die Hotelpioniere von Anno dazumal hatten zwar nie etwas von «Marketing» gehört, aber eines wußten sie: Mit dem bloßen Betrieb ihres Hotels war es nicht getan, wenn das Geschäft mit den Fremden profitabel sein sollte. Sie mußten auch die Pflege des Ortsbildes, die Werbung, den Bau von Kurortseinrichtungen selber an die Hand nehmen. Es galt, alles zu unternehmen, um den Gästen die Reise und den Aufenthalt so komfortabel und angenehm wie möglich zu gestalten. So waren es denn auch wiederum erfinderische Hoteliers, die mithalfen, besondere Gäste-**Transportmittel** für Straße, Berg und See zu entwickeln. Die Naturschauspiele, die Aussichtspunkte sollten von möglichst vielen möglichst unbeschwerlich besucht werden können. So entstand in der zweiten Hälfte des 19. und Anfang des 20. Jahrhunderts neben den Eisenbahnen das, was man heute im Fachjargon «touristische Spezialverkehrsmittel» nennt: Bergeisenbahnen, Zahnradbahnen, Standseilbahnen, offene Fahrstühle, Felsenlifte und andere technische Wunderwerke waren die kühnen Gipfelstürmer von damals. Touristenbeladene Dampfschiffe begannen die Schweizer Seen zu befahren. In jüngerer Zeit, vor allem seit den fünfziger Jahren, ist eine neue Form von Transportanlagen zum eigentlichen Motor des touristischen Wachstums geworden: die Luftseilbahnen und Skilifte. Sie leiteten die Erschließung der Alpen in großem Stil ein und begründeten die boomartige Entwicklung des Wintersporttourismus. «Alles fährt Ski, alles fährt Ski...» – der Lockruf des «Weißen Goldes» ist mächtig. Neben Österreich verfügt die Schweiz heute über das dichteste Netz touristischer Transportanlagen der Welt: Mehr als 1 700 solcher Verkehrsmittel sind in Betrieb, wovon rund 500 Seilbahnen und Zahnradbahnen und 1 200 Skilifte. Sie überwinden eine Streckenlänge von gegen 1 900 km, eine Höhendifferenz von 500 km und vermögen im Winter etwa 1,2 Millionen Fahrgäste pro Stunde bergauf zu befördern (Zahlen 1985).

Die «Gipfelstürmer»
(Seilbahnen ohne Skilifte)

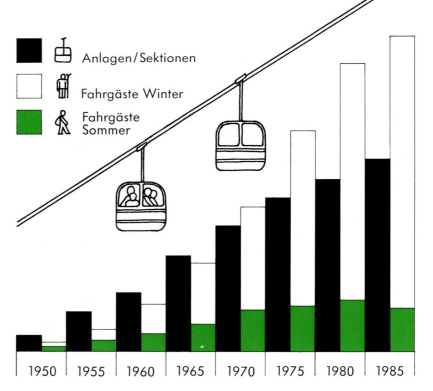

■ Anlagen / Sektionen
□ Fahrgäste Winter
■ Fahrgäste Sommer

Mit den Hotelbetrieben und den Gäste-Transportmitteln war aber der Tourismus noch nicht gemacht. Als Voraussetzung, um alles in Gang und zum Funktionieren zu bringen, brauchte es eine leistungsfähige sogenannte **Infrastruktur.** Und weil die Berggebiete damit nur ungenügend ausgestattet und die hohen Ansprüche des Tourismus mit dem Bestehenden nicht zu befriedigen waren, mußten die entsprechenden Anlagen erst geschaffen oder stark erweitert werden. Entscheidend für die «Touristifizierung» des Berggebietes war der Bau der nationalen und regionalen Eisenbahn- und Straßennetze. Sie bilden die Pulsadern für die Touristenströme und funktionieren als Gästezubringer. Sie begünstigten den Touristenverkehr in ungeahnter Weise. Die früher nur beschwerlich zu erreichenden Bergregionen waren plötzlich auf einen Katzensprung an die Städte herangerückt, die Standortnachteile mit einem Mal aufgehoben. Mit der Abgeschiedenheit und Isolation hatte es für allemal ein Ende. Die Städte begannen anzurollen. Etwa drei Viertel aller Touristen benützen heute die Straße. Aber auch in den Bergdörfern, die Fremdenorte sein oder werden wollten, mußten die bestehenden Infrastruktureinrichtungen bald dem neuen Benützerkreis angepaßt werden: bessere Straßen, größere Parkplätze, ausreichende Wasser- und Energieversorgung, dann aber auch Anlagen für die Abwasser- und Kehrichtbeseitigung, für die Versorgung mit Gütern des täglichen Bedarfes, die Telekommunikation, das Gesundheitswesen und vieles mehr. Die Einheimischen beklagten sich nicht. Von solcherlei «Komfort» hatten sie vorher nur träumen können. Ihr Ort war auch für sie wieder attraktiv geworden. Da läßt es sich wohl leben und wirtschaften.

Die erhöhte Mobilität großer Bevölkerungsschichten, die verbesserte verkehrsmäßige Erschließung des ländlichen Raumes, die positive Einschätzung der touristischen Wachstumschancen, der Ausbau der Infrastruktur durch die Kurortsgemeinden, die Flucht in die Sachwerte, ausgelöst durch die weltweite Inflation, die Legalisierung des Stockwerkeigentums und andere Gründe mehr haben in den letzten Jahrzehnten gerade auch in den schönsten Gegenden des schweizerischen Berggebietes eine mächtige neue Welle ausgelöst: den Bau von Chalets, Ferien- und Zweitwohnungen. **Parahotellerie** ist dafür die Fachbezeichnung, die zusätzlich Campingplätze und Gruppenunterkünfte einbezieht. Der Besitz einer Zweitwohnung entwickelte sich zu einer weitverbreiteten Zielvorstellung. In besonders kaufkräftigen Bevölkerungskreisen gibt es sogar einen Trend zum Drittwohnsitz: Ein Haus in der Stadt, eines am Meer, ein drittes in den Bergen. Bloß raus aus den einengenden, hektischen und stickigen Städten, so oft wie möglich! Der unerhörte Boom läßt sich mit Zahlen belegen: Allein zwischen 1970 und 1985 hat die Zahl der touristisch genutzten Chalets, Ferien- und Zweitwohnungen in der Schweiz von 110 000 auf 250 000 zugenommen, die entsprechenden Bettenzahlen von rund 500 000 auf 1 Million. In den Tourismuskantonen Wallis und Graubünden ist mittlerweile bereits jede dritte, im Tessin jede vierte Wohnung eine Ferien- oder Zweitwohnung. Wurden 1970 noch rund die Hälfte aller Parahotellerie-Betten weitervermietet, waren es 1985 schon über 60%, die nur mehr der Eigenbelegung durch den Besitzer dienten.

Die Berggemeinden halfen selbst tatkräftig mit, damit die immer zahlreicheren Interessenten ihren Traum vom eigenen Ferienhaus

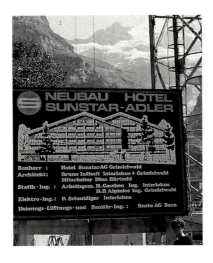

verwirklichen konnten. Sie schieden großzügig bemessene Bauzonen aus, errichteten die benötigten Infrastrukturen, verkauften Bauland und stellten ein mit jedem Tag leistungsfähiger werdendes einheimisches Bau-**Gewerbe** zur Verfügung. Die lokale Bau- und Holzwirtschaft expandierte und mit ihnen die Sägereien, Schreinereien, der Hoch- und Tiefbau, die Kies- und Betonproduktion sowie das gesamte Bauzugewerbe, die Installations-, Elektriker-, Bodenleger-, Maler- und Tapeziererbetriebe. Weil aber die Nachfrage so groß und die Möglichkeiten, ins Geschäft zu kommen, so gut waren, reichte vielerorts die Kapazität des einheimischen Gewerbes bald nicht mehr aus, um alle Aufträge zeitgerecht auszuführen. Man hatte zwar die Betriebe so schnell und so gut es ging erweitert. Aber ohne Zuzug auswärtiger Unternehmungen ließ sich das Bauvolumen einfach nicht mehr bewältigen. Weil im Winter die Bauerei aus klimatischen Gründen nur beschränkt möglich ist, konzentriert man sie auf die Sommerzeit: Im Winter Geld verdienen, im Sommer bauen. Da kann es mitunter ganz geschäftig zugehen!

Was schließlich in den Tourismusorten zur Abrundung des Angebotes entstand oder ausgebaut wurde, waren die **Dienstleistungsbetriebe** aller Art: neben den Käsereien, Metzgereien, Bäckereien vor allem auch Betriebe des Groß- und Detailhandels, des Immobilienhandels, Banken, Versicherungen, Arztpraxen, Coiffeursalons, aber auch Sport- und Unterhaltungsbetriebe wie Schwimmbäder, Eisbahnen, Tennisplätze, Kursäle usw. Dieser Bereich erwies sich für die Einheimischen nicht zuletzt auch deshalb als interessant, weil hier andersartige, abwechslungsreiche und qualifizierte Arbeitsplätze zu besetzen waren.

***

So also ist die Entdeckung und Einrichtung des Tourismus in unserem Berggebiet etwa vor sich gegangen. Bilder eines kaum hundertjährigen Abenteuers, die manchmal fast unwahrscheinlich anmuten. Neben das ursprüngliche, für sich allein kaum mehr lebensfähige Dreieck Landschaft/Bergbevölkerung/Landwirtschaft hat sich das «System Tourismus» gestellt, mit allem, was es ausmacht: den Touristen, dem Gastgewerbe, den Transportanlagen, der Infrastruktur, der Parahotellerie, dem Gewerbe und den Dienstleistungsbetrieben. Dieser Tourismus hat neues Leben in viele Bergregionen gebracht, neue wirtschaftliche und gesellschaftliche Grundlagen geschaffen. Tourismus als Lebensretter.

Fragebogen 1:
Vorteile des Tourismus

Stellen Sie sich Ihre Berggemeinde oder Ihren Lieblings-Ferienort im Berggebiet vor. Was vermuten Sie? Hat die Tourismus-Entwicklung der letzten Jahre

● den Rückgang der Bevölkerungszahl gestoppt?	○ ja ausgeprägt	○ ja etwas	○ eher nein
● Arbeitsplätze geschaffen?	○ ja viele	○ ja einige	○ eher nein
● Einkommen gebracht?	○ ja viel	○ ja etwas	○ eher nein
● den Bau neuer Infrastrukturen erleichtert?	○ ja ausgeprägt	○ ja etwas	○ eher nein
● die Wohnverhältnisse für Ortsansässige verbessert?	○ ja ausgeprägt	○ ja etwas	○ eher nein
● die Landwirtschaft gestützt und so zur Pflege der Landschaft beigetragen?	○ ja ausgeprägt	○ ja etwas	○ eher nein
● das Selbstbewußtsein und das Zugehörigkeitsgefühl der Einheimischen gestärkt?	○ ja ausgeprägt	○ ja etwas	○ eher nein
●	○ ja ausgeprägt	○ ja etwas	

(ev. weitere positive Auswirkungen)

⊗ Zutreffendes ankreuzen

Die Errungenschaften dieser Entwicklung für das Berggebiet und seine Bewohner lassen sich als **die sieben Nutzen des Tourismus** zusammenfassen.

Nutzen 1: Der Tourismus stoppt die Abwanderung

Vor allem seit Anbruch des Industriezeitalters haben sich die verschiedenen schweizerischen Landesteile sehr unterschiedlich entwickelt. Da gab es bevorzugte und benachteiligte Regionen, Gewinner und Verlierer. Das Berggebiet gehörte zu den letzteren. Von 1940 bis 1980 nahm die Bevölkerung im Mittelland nicht etwa nur wegen des natürlichen Zuwachses und des Zuzuges ausländischer Arbeitskräfte, sondern auch infolge der Zuwanderung aus den Berggebieten von 3 Mio. auf 4,9 Mio. zu. Die Zahl der Bergbewohner aber erhöhte sich nur von 1,2 auf 1,5 Mio. Ohne Tourismus wäre hier ohne Zweifel sogar ein absoluter Bevölkerungsverlust eingetreten. Seit 1960 etwa, parallel also zum touristischen Aufschwung, ist es gelungen, den Anteil der Berggebiete an der gesamtschweizerischen Bevölkerung auf einem fast stabilen Stand von über 25% zu halten. Im Jahre 1940 hatte dieser Anteil noch 30% betragen.

Die Bevölkerungsbewegung im Vergleich
(Zu- und Abnahme der Wohnbevölkerung 1941–1980)

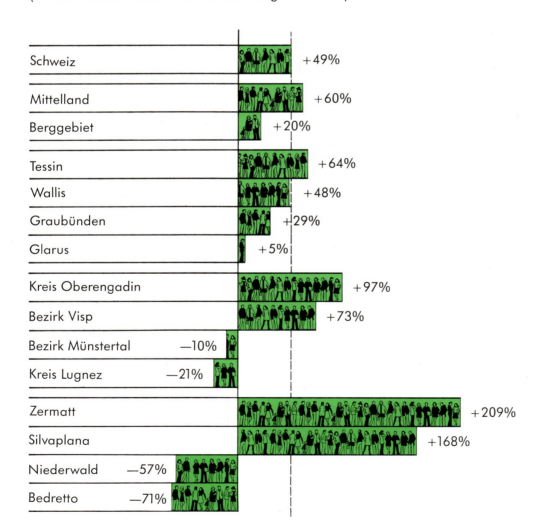

Schweiz	+49%
Mittelland	+60%
Berggebiet	+20%
Tessin	+64%
Wallis	+48%
Graubünden	+29%
Glarus	+5%
Kreis Oberengadin	+97%
Bezirk Visp	+73%
Bezirk Münstertal	−10%
Kreis Lugnez	−21%
Zermatt	+209%
Silvaplana	+168%
Niederwald	−57%
Bedretto	−71%

Aus staats- und gesellschaftspolitischen Gründen ist die Schweiz sehr daran interessiert, daß die regionalen Entwicklungsunterschiede sich nicht weiter verstärken. Es ist denn auch erklärtes Ziel der schweizerischen Regionalpolitik, solche Ungleichgewichte abzubauen. Das bedeutet vor allem Kampf gegen das zunehmende Wohlstandsgefälle zwischen den Regionen und gegen die Landflucht. Es gilt, eine angemessene Besiedelung der verschiedenen schweizerischen Landesteile zu gewährleisten und die Lebensbedingungen in den sogenannten wirtschaftlichen Randgebieten, allen voran in den Bergregionen, zu verbessern. Der Tourismus hat zur Erreichung des Bevölkerungszieles einiges beigetragen. Zwar wandern immer noch Menschen aus dem Berggebiet ab, vorweg aus Gemeinden, wo der Tourismus nicht Fuß gefaßt hat. Solche gibt es allerdings immer weniger. Aber – und das ist wesentlich – es ziehen auch neue Bewohner zu, die in den Tourismusberufen tätig werden wollen. Per saldo schlägt sich der Tourismus in der Bevölkerungsbilanz eindeutig positiv nieder. Die Zahlen beweisen es: Im Zeitraum von 1940 bis 1980 haben sich in den typischen Tourismuskantonen Tessin, Wallis und Graubünden die Bevölkerungszahlen über den Mittelwerten der Schweiz beziehungsweise des Berggebietes insgesamt entwickelt. In Bergkantonen mit wenig Tourismus hingegen blieben die Zahlen zurück. Noch deutlicher sind die Belege auf regionaler und vor allem auf lokaler Ebene: In Talschaften mit viel Tourismus und in bekannten Fremdenverkehrsgemeinden zeigt die Bevölkerungskurve steil nach oben. In anderen Bergtälern und -gemeinden jedoch, die vorwiegend von der Landwirtschaft leben, ist die Abwanderung auch für den Statistiker eine traurige Tatsache.

Nutzen 2: Der Tourismus schafft Arbeitsplätze

Regionen entvölkern sich nur dann nicht, wenn genügend Arbeit und Einkommen da sind, die es erlauben, alle Mäuler zu stopfen. Die Beschäftigungswirkungen des Tourismus in den Bergregionen sind groß. Mehr noch: Sie strahlen aus in das ganze Land und sogar ins Ausland. Ihre genaue Zahl zu erfassen ist ziemlich schwierig. Man muß nämlich all jene Arbeitsplätze dazurechnen, die sowohl direkt wie auch indirekt vom Tourismus abhängig sind. Zur ersten Kategorie gehören alle Tourismusberufe im engeren Sinn: jene im Gastgewerbe, bei den Luftseilbahnen und Skiliften, bei Verkehrs- und Reisebüros und in weiteren Sparten der touristischen Dienstleistung wie bei den Eisenbahnen, Autobussen, in der Luft- und Schiffahrt, im Detailhandel, die Skilehrer, die Bergführer usw. Zur zweiten Gruppe, deren Beschäftigungen indirekt vom Tourismus abhängen, sind vor allem zu zählen: das Baugewerbe (inklusive Zulieferer), der Handel, die Lebensmittelproduktion, das Auto- und Transportgewerbe und auch hier viele übrige Dienstleistungsberufe, zum Beispiel im Immobilienhandel, in Notariats-, Treuhand- und Werbebüros, in Druckereien, Banken, Versicherungen, bei den PTT, auch Ärzte, Spitalpersonal, Verwaltungsangestellte usw. Die Berufsliste ist wahrlich eindrucksvoll. Ebenso sind es die entsprechenden Zahlen. In der ganzen Schweiz waren 1985 rund 150 000 Personen ganzzeitlich in den direkten, ausschließlich dem Tourismus zuzurechnenden Berufen tätig, wovon etwa 80% im Gastgewerbe. Die Arbeitsplätze von weiteren rund 200 000 Menschen hängen indirekt vom Tourismus ab. Fast die Hälfte davon entfällt auf den Bau- und Immobiliensektor. Total also 350 000 Arbeitsplätze. Das bedeutet, daß

etwa jede(r) zehnte Berufstätige in der Schweiz den Tourismus als Arbeitgeber hat. Die regionalen und lokalen Zahlen sind auch hier noch wesentlich spektakulärer: Im gesamten schweizerischen Berggebiet arbeitet annähernd jede(r) dritte Erwerbstätige im oder für den Tourismus. Hier hat sich der Fremdenverkehr zum wichtigsten Arbeitgeber überhaupt entwickelt. Solches gilt natürlich für die typischen Tourismusgemeinden noch vermehrt. In Grindelwald zum Beispiel sind 56% der in Ganzjahresstellen umgerechneten Arbeitsplätze direkt und weitere 33% indirekt mit dem Fremdenverkehr verbunden. Der lokale Arbeitsmarkt wird hier also zu 90% vom Tourismus gespiesen.

Nutzen 3: Der Tourismus bringt Einkommen

Ganz grob gesagt machen die Ausgaben und Investitionen der Touristen das Einkommen der vom Tourismus lebenden Bevölkerung aus. Buchhalterisch Interessierte möchten vielleicht etwas genauer wissen, wie man diese Einkommen – Volkswirtschafter nennen sie auch Wertschöpfung – errechnen kann: Man zählt die Ausgaben der inländischen und ausländischen Touristen in der Schweiz zusammen und zieht davon jenen Betrag ab, den man für die Bezahlung importierter Güter und Dienstleistungen sowie für die Abschreibungen und direkte Steuern verwenden muß. Das ergibt die direkte Einkommenswirkung des Tourismus. Dazu kommen – als indirekte Einkommen – die vor allem im Bausektor getätigten Investitionen in- und ausländischer Touristen, also insbesondere was für den Kauf und die Einrichtung von Ferien- und Zweitwohnungen ausgegeben wird. Weil die offizielle Statistik nicht alle diese Zahlen ermittelt, sind wir da und dort auf Schätzungen angewiesen. Deshalb die vielen «ca.». Die entsprechende Rechnung sieht für die ganze Schweiz wie folgt aus (Zahlen 1985):

	Ausgaben der ausländischen Touristen in der Schweiz	10,1 Mia. Franken
+	Ausgaben der inländischen Touristen in der Schweiz	6,4 Mia. Franken (oder 980 Franken pro Kopf der Bevölkerung)
./.	Total Ausgaben Touristen Aufwand für Importe, Steuern und Abschreibungen	16,5 Mia. Franken ca. 3 Mia. Franken
=	direktes Einkommen aus dem Tourismus	ca. 13,5 Mia. Franken
+	Ausgaben in- und ausländischer Touristen für touristische Investitionen in der Schweiz (Bausektor)	ca. 4 Mia. Franken
=	Gesamteinkommen (direkt und indirekt) aus dem Tourismus	ca. 17,5 Mia. Franken

Dieses so ermittelte touristische Einkommen entspricht annähernd 10% des gesamten schweizerischen Volkseinkommens.

Im Berggebiet steigt dieser Anteil auf rund 25%: Etwa jeder vierte Franken also wird hier im oder am Tourismus verdient. Und noch wesentlich höher ist die touristische Einkommenswirkung in den eigentlichen Fremdenverkehrsgebieten: In Grindelwald zum Beispiel macht sie sage und schreibe 92% aus, obwohl es hier noch 282 landwirtschaftliche Betriebe gibt!

Interessant ist sicher auch, daß die Ausgaben der ausländischen Touristen in der Schweiz rund 10% aller Exporteinnahmen unseres Landes ausmachen. Als sogenannt «unsichtbarer Export» ist der Tourismus somit eine unserer wichtigsten Exportindustrien. Die Rangliste (1985):

1. Metall- und Maschinenindustrie	29,5 Mia. Fr.
2. Chemische Industrie	14,1 Mia. Fr.
3. Tourismus	10,1 Mia. Fr.
4. Textilindustrie	4,7 Mia. Fr.
5. Uhrenindustrie	4,3 Mia. Fr.

Daß die Einnahmen nicht nur die Kassen von Hotels und Restaurants füllen, sondern viele andere ebenfalls profitieren, zeigt ein Blick auf die geschätzten «Nebenausgaben» ausländischer Gäste in der Schweiz (1985):

550 Mio. Fr.	für Bahn- und Schiffahrten sowie für die Benützung touristischer Transportanlagen aller Art
600 Mio. Fr.	für Uhren und Schmuck
400 Mio. Fr.	für Benzin
250 Mio. Fr.	für Tabakwaren
220 Mio. Fr.	für Süßwaren
100 Mio. Fr.	für Souvenirs und Ansichtskarten

Ein großer Teil dieses Geldes fließt in den Geldbeutel des Berggebietes. Etwa 60% aller Ausgaben für Ferienaufenthalte und Ausflüge werden hier getätigt (1985: ca. 10 Mia. Fr.). Da jedoch die Bergregionen die touristische Leistung nicht ausschließlich aus eigener Kraft erbringen können und entsprechend Güter und Dienstleistungen «von außen» in Anspruch nehmen und bezahlen müssen, macht der ihnen verbleibende Anteil am Gesamteinkommen nicht 60%, sondern «bloß» ca. 45% aus, was 1985 immerhin noch stolze runde 8 Milliarden Franken ergab.

Nutzen 4: Der Tourismus finanziert Infrastruktur

Vielerorts löste der aufkommende Tourismus eine Kette positiver Folgen aus: Mehr Beschäftigung → mehr Einkommen → höhere Steuereinnahmen für die Gemeinden → mehr Mittel für den Ausbau der Infrastruktur → mehr Touristen → mehr Beschäftigung → usw. Bevor der Tourismus kam, hatte den armen Berggemeinden das

Geld gefehlt, um auch nur das Allernotwendigste zu finanzieren. Jetzt ermöglichte es die touristische Erschließung gar, in den Genuß von öffentlichen Geldern zu gelangen, die zur Förderung der Wirtschaft und der Infrastrukturausstattung eingesetzt werden. Jene aufgeschlossenen Gemeinden, die von Anbeginn die anfallenden Infrastrukturkosten nach dem Verursacherprinzip auf die touristischen Bauherren abwälzten, kamen sozusagen gratis zu einem Ausbau ihrer Anlagen. Sie hatten die Weitsicht, von den Grundeigentümern für die Erstellung und den Betrieb der Straßen, der Wasserversorgung, der Abwasser- und Kehrichtbeseitigung usw. genügend hohe Gebühren und Beiträge zu verlangen. Auch erhoben sie Steuern auf Liegenschaften, Grundstückgewinnen und Handänderungen. Als Folge der regen Bautätigkeit und des Immobilienhandels erfolgten die Infrastrukturverbesserungen und deren Finanzierung gewissermaßen automatisch. Entsprechend füllten sich auch die Gemeindekassen. Und was noch einmal zu betonen ist: Von der neuen Infrastruktur – einschließlich der vielen Sport- und Freizeitanlagen – profitieren nicht nur die Touristen, sondern ebenso die Einheimischen. Andere Tourismusgemeinden hatten bei ihrer Infrastrukturfinanzierung eine weniger glückliche Hand. Sie betrachteten die Erstellung der entsprechenden Anlagen als eine Art Vorleistung und stürzten sich in Schulden, die ihnen in der Folge niemand mehr zurückbezahlte.

Nutzen 5: Der Tourismus verbessert die Wohnverhältnisse

Die schweizerische Berggebietsförderung versucht, die Verbesserung der Lebensbedingungen in den Bergregionen über die Steigerung des Pro-Kopf-Einkommens, die Verbesserung der regionalen Infrastruktur, der Konsummöglichkeiten und der Wohnverhältnisse zu erreichen. Auch zu letzterem hat der Tourismus in zahlreichen Gemeinden vieles beigetragen. Nicht nur ist die allgemeine lokale und regionale Infrastruktur besser geworden. Vor allem beleben auch neue attraktive Freizeiteinrichtungen und -veranstaltungen die Orte. Gerade junge Einheimische schätzen diese Errungenschaft des Tourismus fast noch mehr als die geschaffenen Arbeitsplätze, und sie nehmen rege am aktiv-sportlichen und geselligen Leben teil. Es konnten auch Lücken im kulturellen Angebot geschlossen werden: Die Mischung von lokalen traditionellen Veranstaltungen und «modernem» Angebot scheint die Bedürfnisse der verschiedenen Bevölkerungsgruppen gut zu befriedigen. Zum Beispiel das Pays d'Enhaut:

Obwohl hier mehr als die Hälfte der Ortsansässigen einige Skepsis gegenüber der touristischen Entwicklung empfindet, herrscht ganz allgemein eine große Zufriedenheit: 57% der Bevölkerung sagen aus, es fehle ihnen nichts zur Verbesserung der Lebensqualität! Nur gerade 11% bemängeln den Arbeitsplatz bzw. die Weiterbildungsmöglichkeiten und ebensoviele das Freizeitangebot.

Nutzen 6: Der Tourismus stützt die Landwirtschaft und trägt zur Landschaftspflege bei

Der Tourismus verschafft der Landwirtschaft willkommene Nebenerwerbsmöglichkeiten. Dank dieser zusätzlichen Einkommen ist es dem Bauern überhaupt möglich, seinen Boden weiter zu bewirtschaften. Der Bauer ist der beste «Landschaftsgärtner». In dieser Weise trägt der Tourismus auf indirektem Wege zur Landschaftspflege bei. Daß solches nicht graue Theorie ist, läßt sich belegen (Zahlen 1982): Von den 282 Bauern (Betriebsleitern) Grindelwalds gehen 234 einem Nebenerwerb – oder fast gleichbedeutend: einer zusätzlichen, mit dem Tourismus direkt oder indirekt verbundenen Arbeit nach. Einkommensmäßig machen diese «Nebeneinkünfte» rund 55% des Gesamteinkommens der landwirtschaftlichen Betriebe aus. Dank dem Verdienst aus dem Fremdenverkehr können vor allem auch Kleinbetriebe (mit weniger als 8 Kühen) oder sogar Kleinviehbetriebe (mit Schafen, Ziegen, Hühnern) als solche erhalten werden. Da gibt es sogar «Hotelbauern», die solche Betriebe als Hobbybetriebe oder als krisensichere «Rückzugsbetriebe» sorgfältig hegen und pflegen. Und eben alle diese Kleinbetriebe sind es, die für die Landschaftspflege am meisten tun: So vielfältig wie ihre Bewirtschaftungsformen, so abwechslungsreich bleibt auch das Landschaftsbild. Da wird auch die steile Wiese noch gemäht oder beweidet! Und was nicht zu vergessen ist: Der Tourismus selbst ist – weniger zwar, als er es früher war – auch direkter Abnehmer landwirtschaftlicher Produkte. In Grindelwald geht heute rund ein Viertel der landwirtschaftlichen Produktion direkt an die Tourismusunternehmungen und an die Touristen am Ort. Sogar in der Landschaft um die Tourismusstadt Davos ist der Beweis eines dauerhaften Zusammenlebens von Fremdenverkehr und Landwirtschaft erbracht. Die kritischen Forscher konnten feststellen: «Diese Wiesen werden auch heute noch fast optimal genutzt, insbesondere auch ohne Übernutzung. Brachflächen sind selten und betreffen wenig ertragreiche Standorte. Auch in höheren Lagen wird noch Heunutzung betrieben.»

Tourismuskritiker müssen ihre Hefte revidieren: Die Entwicklung des Fremdenverkehrs hat nicht zu einem beschleunigten Rückgang der landwirtschaftlichen Betriebe geführt, wie es fälschlicherweise von vielen vermutet und immer wieder behauptet wird. Im Gegenteil: In der ganzen Schweiz ist die Zahl der Bauernbetriebe von 1955 bis 1980 um rund 40% zurückgegangen (von 206 000 auf 125 000). Im Berggebiet, wo sich fast jeder zweite Landwirtschaftsbetrieb befindet, betrug der prozentuale Verlust jedoch «nur» 33%. Sicher ist der verlangsamte Betriebsschwund im Berggebiet zum Teil auch damit zu erklären, daß hier die starke Güterzersplitterung sowie die traditionellen Betriebsstrukturen und praktizierten Erbsitten die aus Gründen der Rationalisierung geforderte Aufstockung (Zusammenlegung von Betrieben) nicht eben begünstigten, obwohl auch hier die durchschnittliche Betriebsgröße in den letzten zwanzig Jahren eindeutig zugenommen hat. In der Tallandwirtschaft verlief dieser Prozeß viel schneller und ausgeprägter. Hauptsächlicher Bremser eines noch größeren Betriebsrückganges im Berggebiet war aber der Tourismus. Das läßt sich daran erkennen, dass hier die bäuerlichen Nebenerwerbsbetriebe im Zeitraum von 1955 bis 1980 um 26% zugenommen haben, während sie gesamtschweizerisch um 8% zurückgingen. Ohne Nebenerwerb, das heißt ohne Tourismus, hätte der Rückgang der Bauernbetriebe in den Alpen wahrscheinlich katastrophale Ausmaße angenommen.

Ein weiteres: In Tourismusgebieten mit Nebenerwerbslandwirtschaft ist es den Bauern möglich, die notwendigen Investitionen zur Modernisierung ihrer Betriebe teilweise aus den Zusatzeinkommen zu finanzieren. In Vollerwerbsbetrieben hingegen sind solche Ausgaben eine starke Belastung. Auch empfinden die Bauern die erhöhte Verschuldung als zunehmende wirtschaftliche und soziale Abhängigkeit.
Tourismus und Landwirtschaft bilden also offenbar viel mehr als eine bloße Vernunftehe. Sie ergänzen sich gegenseitig: Der Tourismus bedarf der Landwirtschaft und des bäuerlichen Konservatismus als Bewahrer und Pfleger der Landschaft, als Wächter und Bremser gegenüber zu schnellem Wachstum, als Attraktion auch. Die Landwirtschaft ihrerseits hat dank Tourismus verbesserte Einkommen, eine bessere Infrastruktur, einen höheren Lebensstandard. Wer Landwirt bleiben will, kann es bleiben. Und viele wollen es – heute mehr denn je (zum Beispiel im Pays-d'Enhaut), besonders in Gebieten, wo der Tourismus eine wirtschaftliche Erstarkung gebracht hat. Wo sich solches ereignet hat, tritt in der Bevölkerung oft eine Rückbesinnung auf die eigene kulturelle Herkunft, auf Brauchtum, auf den Wert von Siedlung und Landschaft ein, die nicht als «billige Folklore» abgetan werden darf. Diese nach rückwärts gerichtete Identitätssuche kann sich durchaus zu einer Kraft zugunsten der Ortsgestaltung und Landschaftserhaltung auswirken. Ein weiterer indirekter Beitrag also des Tourismus zur Landschaftspflege.
Aber auch in Tourismuskreisen selbst ist das Bewußtsein für die Pflege der Landschaft gewachsen, nicht zuletzt weil man sonst um den guten Gang der Geschäfte fürchten müßte. Denn auch der Tourist ist sensibler geworden – er verlangt, daß ihm das Landschaftserlebnis erhalten bleibt, die schöne Aussicht, der Kontakt mit der Natur. Und diese Umweltsensibilität der Touristen öffnet auch vielen Einheimischen die Augen für die Schutzbedürftigkeit ihrer eigenen Umgebung. Die Ferienmenschen von morgen werden die Gewichte noch deutlicher setzen. Der Tourist wird erfahrener, mündiger und kritischer. Seine Einstellungen verändern sich wie die Werte in unserer Gesellschaft. Die Bedeutung einer intakten Umwelt, eines

authentischen Erlebnisses, einer echten Begegnung mit der Landschaft und den Menschen der bereisten Gebiete wird in Zukunft noch wesentlich höher eingestuft werden.

Nutzen 7: Der Tourismus stärkt das Selbstbewußtsein und das Zugehörigkeitsgefühl der Bergbevölkerung

Das Berggebiet muß sich nicht länger als Stiefkind der Nation vorkommen. Der Tourismus hat ihm eine gesellschaftliche Aufwertung gebracht: Der Städter braucht die Abwechslung der Bergwelt, um den zu Hause empfundenen Mangel an Natur und Identität auszugleichen. Eine neue, sich ergänzende Abhängigkeit zwischen Stadt und Land ist entstanden, das Selbstwertgefühl der Bergbewohner entsprechend gestiegen. Das Gefühl auch, dazuzugehören und teilzuhaben. Der Glaube an die eigenen Möglichkeiten. Der Tourismus hat sogar den inneren Zusammenhalt der einheimischen Bevölkerung gefestigt: die Betonung des «wir» (die Einheimischen, Bewohner) gegenüber dem «sie» (die Nicht-Einheimischen, Besucher, Nachbarn). Er hat die Öffnung und die Modernisierung der Bergwelt eingeleitet und den Anschluß an den wirtschaftlichen und technischen Fortschritt ermöglicht. Die Verwirklichung der alten Forderung nach Chancengleichheit, die Förderung der gesellschaftlichen Integration. Der Tourismus brachte der Bevölkerung auch eine Blutauffrischung. Zu den traditionellen konservativen Werthaltungen sind neue dynamische und anregende Werte hinzugetreten. Die «Offenheit für Neues» zum Beispiel. Eine gute Mischung! Und bei alledem ist die Verbundenheit der Bewohner mit ihrem Ort und der Berglandschaft sehr eng geblieben. Mehr noch: Der Tourismus hat sogar zur Erhaltung vieler Elemente der traditionellen Alpkultur und zur Herausbildung neuer Bräuche und Feste beigetragen. Ohne das Interesse der Fremden gäbe es viele farbenfrohe Alpaufzüge oder Alpabfahrten, Älplerfeste, Kuhkämpfe, ausgeschmückte Trachten, Volksmusik- und Jodelgruppen, Heimatmuseen, Sennereien und Käsereien nach alter Art nicht oder nicht mehr. Eine Unterstützung also für die Pflege der echten Folklore. Alles in allem: Der Tourismus in Ergänzung zur Berglandwirtschaft als lebenswerte, zukunftsverheißende Perspektive für die Bergbewohner.

***

Soweit der Entwicklungsgeschichte erster Teil – die schöne Geschichte vom Tourismus als Lebensretter – doch der zweite folgt sogleich...

2.
Die bedenkliche Geschichte vom Tourismus als Lebensbedroher

(Entwicklungsgeschichte 2. Teil)

Der Einzug des Tourismus in die Bergwelt ist nicht so ungestört und problemlos vor sich gegangen, wie man es aufgrund der schönen Geschichte vom Tourismus als Lebensretter vermuten könnte. Er hat nicht nur Vorteile und Nutzen gebracht, sondern auch Kosten und Schäden entstehen lassen. Er hat zunehmende Gefahren heraufbeschworen, die vielerorts schon bedrohlich sind. Sie werden unweigerlich die Lebensgrundlagen angreifen und allmählich zerstören, wenn man den Dingen ihren Lauf läßt: «Wehe, wenn sie losgelassen, wachsend ohne Widerstand...» Der zweite Teil unserer Entwicklungsgeschichte handelt von diesen problematischen Seiten der Touristifizierung der Bergwelt.

Eine erste Hauptursache für viele Fehlentwicklungen in den Bergferienorten ist der übermäßige Ausbau der **Infrastruktur.** Straßen, Parkplätze, Kanalisationen und ähnliche Anlagen werden kaum je in kleinen Schritten oder zeitlich gestaffelt ausgebaut, sondern in großen Sprüngen und womöglich überall gleichzeitig. Wo immer Engpässe auftreten, werden sie aufs großzügigste beseitigt. Die Infrastruktur als Schrittmacher eines rasanten Wachstums, das in unkontrollierten Entwicklungsschüben vor sich geht und einen Rattenschwanz von Problemen nach sich zieht. Immer wieder werden auftretende Engpässe als Sachzwänge geltend gemacht und die Gemeinden unter Druck gesetzt, mit dem weiteren Ausbau der Infrastruktur vorwärts zu machen. Man müsse doch Schritt halten. Unvorsichtige Gemeinden haben sich dabei verschuldet. Andere baten die Verursacher zur Kasse. Doch kann auch diese im schönen Teil unserer Geschichte als fortschrittlich bezeichnete Art der Infrastrukturfinanzierung durchaus in einem anderen Licht gesehen werden: Die bei den Verursachern erhobenen Infrastrukturbeiträge und die entsprechende Zweckbindung der Mittel an einen Ausbau der Anlagen schalten die Finanzknappheit als «natürliche Bremse» aus. Mehr noch: Sie begründen gar ein waches finanzielles Interesse der Gemeinden an einem regen Bau- und Immobilienmarkt. Ein weiterer expansiver infrastruktureller Erschließungskurs ist die automatische Folge davon.

Die zweite Ursache für überbordende Entwicklungen ist der wahre Gipfelsturm bei den touristischen **Transportanlagen.** Seit 1950 sind im Jahr durchschnittlich 50 neue Luftseilbahnen und Skilifte gebaut worden. Auch nach 1978, dem Einführungsjahr einer neuen restriktiveren Konzessionsverordnung, hat sich diese Entwicklung kaum abgeschwächt. Zu Beginn des Jahres 1985 waren beim Bundesamt für Verkehr immer noch 57 Gesuche für Luftseilbahnen und 31 Gesuche für Skilifte hängig. Auch in den kommenden Jahren ist mit einem weiteren Boom der Kapazitäten zu rechnen. Dies nicht nur deshalb, weil bei vielen ein geradezu grenzenloser (Zweck-)Optimismus über die weitere Zunahme bahnbenützender Wintersportler vorherrscht. Allen voran bei den Seilbahnfirmen, die um ihr Brot nicht bangen wollen. Eigenartigerweise wird das Wachstum der Transportkapazitäten noch zusätzlich durch den unerbittlichen Konkurrenzkampf aufgeputscht, der unter den bestehenden Seilbahnunternehmen wütet. Um zu überleben, treten viele die Flucht nach vorne an: Sie unternehmen «Qualitätsverbesserungen», indem sie die alten (aber noch keineswegs veralteten) Anlagen durch neue, mit allen technischen Raffinessen ausgestattete Bahnen ersetzen. Aber damit ist in aller Regel eine starke Kapazitätssteigerung verbunden. «Kürzung der Warteschlangen», «Steigerung des Komforts», «Ausnützung des technischen Fortschrittes», so lauten die gängigen Parolen. All das geht vor sich, obwohl heute schon rund ein Drittel der Seilbahnunternehmungen defizitär sind. In diesem sinnlosen «Wettrüsten» werden nur die Betriebe mit ausgezeichneten Standortvoraussetzungen überleben. Und solche haben längst nicht alle. Die sie nicht haben, werden zunehmend in Schwierigkeiten geraten und auf größere Kapitalbeteiligung, auf Defizitgarantien, auf «à fonds perdu»-Beiträge oder ähnliche Unterstützung seitens der öffentlichen Hand angewiesen sein, um sich über Wasser zu halten. Und noch ein weiterer Aspekt, der sich für den ganzen Ferienort negativ auswirken kann: Die Seilbahnunternehmen sind aus Gründen der Rentabilität darauf angewiesen, möglichst viele Tagesgäste anzuziehen, was sie mit vielfältigen Werbe- und Tarifmaßnahmen auch tun. Ein starker Tagestourismus mit viel Verkehr und Unrast ist jedoch nicht unbedingt im Interesse der anwesenden Feriengäste und des Ferienortes. Man denke bloß an den Wochenend-«Rush»... Weitere Konflikte sind geradezu vorprogrammiert. Mit Blick auf das Ganze sind die beschriebenen Entwicklungen vor allem auch deshalb bedenklich, weil das rasante Wachstum der Transportkapazitäten Signalwirkung hat: Das Karussell dreht sich weiter → mehr Bahnen → mehr Pisten → mehr Betten → mehr Infrastruktur → mehr Bahnen → usw.

 Die dritte Schlüsselgröße im touristischen Wachstumsprozeß ist die **Parahotellerie** oder genauer: die Einzonung von Bauland vor allem für den Bau von Ferien- und Zweitwohnungen. Das Wachstumstempo in diesem Sektor wirft alle Zielsetzungen und selbst die optimistischsten Erwartungen glatt über den Haufen. Bettenzahlen, die man in verschiedenen Regionen für das Jahr 1990 geplant hatte, waren bereits 1980 erreicht oder gar überschritten. Eine wahre Ferienwohnungseuphorie ist ausgebrochen, gefördert durch die zu großen Bauzonen und den starken Ausbau der Infrastruktur in den Kurortsgemeinden, durch die Legalisierung des Stockwerkeigentums, durch das Bedürfnis nach Sachwertanlagen, durch ausländisches Fluchtkapital, durch ein dynamisches Baugewerbe und durch vieles andere mehr. Die statistischen Belege: Von 1970 bis 1985 Zunahme der Ferien- und Zweitwohnungen in der Schweiz um 130% (von 110 000 auf 250 000 oder, in Bettenzahlen ausgedrückt, von 500 000 auf 1 Million Betten). Seit Ende der 70er Jahre reden fast alle von Bremsen. Es wurden auch restriktivere Vorschriften für den Verkauf von Grundstücken an Ausländer erlassen. Aber verlangsamt hat sich die Entwicklung dennoch nicht: Zwischen 1981 und 1985 betrug die Zunahme rund 50 000 Wohnungen, das heißt durchschnittlich 10 000 neue Einheiten pro Jahr. Und das wird dann wohl auch der weitere Trend sein. Die Zahl der Menschen, die eine Zweitwohnung besitzen möchten, ist immer noch riesig groß. Heute verfügt bereits jeder achte Schweizer Haushalt über eine Zweitwoh-

Der Bettenberg

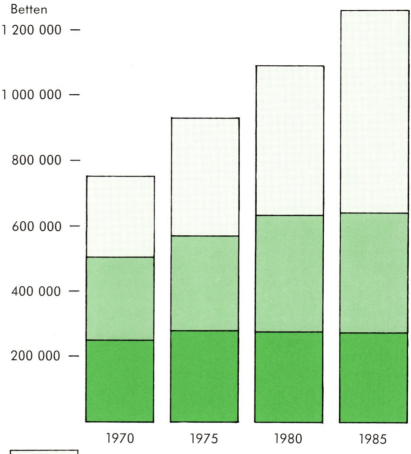

- Zweitwohnungen
- Ferienwohnungen
- Hotels

nung im In- oder Ausland. Weitere 18% der Haushalte befassen sich mit dem Gedanken, in Zukunft eine Zweitwohnung zu erwerben. Das sind die Ergebnisse einer repräsentativen Haushaltsbefragung (Zahlen 1982). Der Schweizer Markt für Zweitwohnungen ist also noch lange nicht gesättigt, vom weltweiten ausländischen Markt gar nicht zu reden. Und weil es in unseren Ferienorten noch viel eingezontes Bauland gibt und das Baugewerbe Arbeit haben will, muß man für die Zukunft wohl mit einer Fortsetzung des gegenwärtigen Wachstumstrends rechnen. 10 000 Zweitwohnungen pro Jahr, das heißt bis im Jahre 2010 250 000 neue Wohneinheiten mit 1 Million Betten oder eine Verdoppelung des heutigen Bestandes auf 500 000 Zweitwohnungen mit insgesamt 2 Millionen Betten. Zählt man noch die Schlafstellen in der Hotellerie, auf Campingplätzen, Jugendherbergen und Gruppenunterkünften dazu, könnte man dannzumal annähernd die Hälfte der schweizerischen Wohnbevölkerung von 6,4 Millionen Menschen in Tourismusbetten aufnehmen!

Vieles ist an dieser Entwicklung bedenklich, ja bedrohlich:

- Der relativ geringe wirtschaftliche Nutzen für die Gemeinde, weil die Wohnungen sehr schlecht belegt sind (durchschnittlich sind die Ferienmietwohnungen nur während etwas mehr als 2 Monaten pro Jahr besetzt, die nur von den Eigentümern gebrauchten Zweitwohnungen gar nur während 6 Wochen).
- Die vergleichsweise geringe Beschäftigungswirkung (4–5 Arbeitsplätze pro 100 Zweitwohnungsbetten).
- Die hohen Infrastrukturausgaben der Gemeinden, weil die Versorgungs- und Entsorgungsanlagen auf die kurzen Spitzenzeiten ausgerichtet werden müssen, wenn alles anwesend ist.
- Die Steigerung der Bodenpreise und die Erschwerung und Verteuerung des Wohnungsbaus für die einheimische Bevölkerung.
- Die Konkurrenzierung der einheimischen Wohnungsvermieter (die Parahotellerie ist fest in auswärtiger, aber nur etwa zu einem Fünftel in ausländischer Hand – die von Einheimischen ausgebauten und vermieteten Ferienwohnungen machen nur einen ganz kleinen Anteil aus).
- Die Fremdbestimmung der Einheimischen durch die Zweitwohnungsbesitzer, die auf die Gemeindepolitik Einfluß nehmen wollen, obwohl sie kaum je da sind und über ihre Eigeninteressen hinaus keine Verantwortung für die Ortsentwicklung mittragen.
- Die Verhäuselung der Landschaft, die geschlossenen Fensterläden, die fortschreitende Verödung der Ferienorte.

 Haupt-Profiteur und deshalb auch unermüdlicher Antreiber des Baues immer neuer Infrastrukturen, Betten und anderer Anlagen in den Tourismusorten ist das einheimische und auswärtige Bau-**Gewerbe.** Die einheimischen Firmen blähen sich immer mehr auf, um sich nichts von den schnell erzielbaren Gewinnen entgehen zu lassen. Aus den Städten, wo die Geschäfte nicht mehr so florieren, kommen auswärtige Baufirmen, Architekturbüros und Immobilienhändler und eröffnen Zweigbetriebe in den Bergferienorten, wo man um die Baukonjunktur nicht zu fürchten braucht. Bei der ansässigen Bevölkerung und vor allem bei den Jugendlichen sind Arbeitsplätze im (Bau-)Gewerbe weit beliebter als solche in Tourismusunternehmungen. So ist in vielen Ferienorten ein überaus dynamischer Baumarkt entstanden, der sich bald einmal vom Tourismus loskoppelte und heute eigenen Gesetzen gehorcht. Das Immobiliengeschäft ist zum Hauptgeschäft des Tourismus avanciert, der Dienstleistungstourismus durch den Bautourismus abgelöst worden. Viele Menschen leben heute in den Tourismusgebieten vom Ausverkauf des Bodens, vom Verbrauch der Landschaft. Für die Bauwirtschaft heißt Tourismusentwicklung: «Schaffe, schaffe, Häusle und Liftle baue.» Die langfristigen Interessen der Orte an einem lebensfähigen Natur-, Erholungs- und Wirtschaftsraum rücken in den Hintergrund. Weiterbauen, um das Baugewerbe zu erhalten. Nicht für den Tourismus, sondern sogar gegen ihn. Die Bauwirtschaft macht Sachzwänge geltend: Es gehe um die Erhaltung von Arbeitsplätzen. Und die Baulobby funktioniert bekanntlich besonders gut. In den Behörden der Tourismusgemeinden sind die Gewerbekreise jedenfalls sehr stark vertreten. Für die Zukunft mache man sich keine falschen Hoffnungen: Die touristische Baukonjunktur ist kaum zu bremsen, um so weniger als die Bauwirtschaft gerade auch in den Erholungsgebieten einen erheblichen Teil des noch nicht überbauten Baulandes aufgekauft hat und die Bauzonen in den meisten Ge-

meinden viel zu großzügig bemessen sind. Hier liegt ein weiterer schwelender Konfliktherd, der bald einmal ausbrechen wird: Die auf Expansion eingeschworene Bauwirtschaft und die zunehmend an einer Stabilisierung interessierte Tourismuswirtschaft geraten sich in die Haare.

Der Bau- und Bettenboom in den Bergorten hat sich fast ausschließlich im Sektor der Parahotellerie abgespielt. Das **Gastgewerbe** nahm daran nicht teil. Tatsächlich ist in der Berghotellerie kapazitätsmäßig ein Stillstand, vielerorts sogar ein Rückgang eingetreten. Die Anzahl Hotels im Berggebiet ist seit dem Höchststand von 2 600 Betrieben im Jahre 1970 auf rund 2 350 Betriebe im Jahre 1985 zurückgegangen (minus 9%), was einem gesamtschweizerischen Trend entspricht. Im gleichen Zeitraum stiegen die Bettenzahlen in der Berghotellerie um 10% (von ca. 100 000 auf 110 000). Diese geringe Steigerung ist fast ausschließlich auf die Eröffnung von Aparthotels in wohlbekannten größeren Ferienorten zurückzuführen. Sie darf nicht darüber hinwegtäuschen, daß in der Mehrzahl der schweizerischen Bergferienorte die Entwicklung der Hotellerie stagniert und sich sogar ein eigentliches Hotelsterben abzeichnet.

Es gibt viele Gründe für diese unbefriedigende Entwicklung: Die Baukosten für neue Hotels sind sehr hoch, die Konkurrenzierung durch die Parahotellerie stark, die Personalbeschaffung schwierig, die Erfolgserwartungen unbefriedigend. Da ist es wirtschaftlich aussichtsreicher und auch bequemer, in den Bau von Appartmenthäusern und Zweitwohnungen zu investieren. Aber damit nicht genug. Auch die bestehende Berghotellerie kämpft mit existenzbedrohenden Problemen. Der Schweizer Hotelier-Verein und die Schweizerische Gesellschaft für Hotelkredit stellen in einer Eingabe an den Bundesrat Anfang 1986 fest: «Viele Betriebe erreichen den Kostendeckungsgrad vor allem wegen ungenügender Bettenauslastung nicht mehr; die für Unterhalt und Erneuerung notwendigen Mittel können nicht aus dem Betrieb erwirtschaftet werden; die Finanzierung neuer Hotels oder größerer Renovationen in herkömmlicher Weise sind praktisch nicht mehr möglich; eine große Zahl von Betrieben lebte in den letzten Jahren von der Substanz.» Es droht der Teufelskreis: Geringerer Komfort → tieferes Preisniveau → schlechtere Betriebsergebnisse → erschwerte Finanzierung von Komfortverbesserungen und -erneuerungen → langsamer Rhythmus der Erneuerungen → geringerer Komfort usw. Ein düsteres Bild, vor allem wenn man daran denkt, daß rund die Hälfte bis zwei Drittel der Schweizer Hotels vor dem Ersten Weltkrieg gebaut worden sind. Ein wesentlicher Teil der Berghotellerie – einst und heute immer noch stolz als Rückgrat des Tourismus bezeichnet – ist im Mark getroffen und zeigt Lähmungserscheinungen. Es deutet vieles darauf hin, daß es auch in Zukunft zu einem weiteren Hotelsterben kommen wird, wenn nicht größere Hilfen von außen geleistet oder ganz neue innovative Ideen entwickelt werden. Was auf den ersten Blick als Gesundschrumpfung erscheinen mag, ist in Wirklichkeit eine ernsthafte Krankmeldung: Ein volkswirtschaftlich ergiebiger und gleichzeitig umweltverträglicher Tourismus ist nur mit einer starken Hotellerie zu erreichen, denn: hundert Hotelbetten bringen fast viermal mehr Einkommen als hundert Betten in Ferienwohnungen, und ihre Beschäftigungswirkung ist vier- bis fünfmal größer. Und da Hotelbetriebe konzentriert gebaut sind, verbrauchen sie auch weniger Landschaft.

Die Tourismuswirtschaft kennt viele Mitläufer und Mitesser. Dazu gehören insbesondere die zahlreichen **Dienstleistungsbetriebe** aller Art, die sich in aller Stille an den Tourismustisch gesetzt haben und hier unauffällig einen großen Teil des Kuchens abservieren, oft ohne beim Backen eigentlich dabei gewesen zu sein. Hier sind alle die vielen Berufe zu nennen, die sich nicht zum Tourismus zählen, aber von ihm leben: die Lebensmittelproduzenten, die Groß-, Detail- und Immobilienhändler, die Bijoutiers und Souvenirverkäufer, die Transporteure, Notare, Treuhänder und Werber, die Bankiers, Versicherer, Ärzte und wie sie alle heißen. Auch das ganze Bauhaupt- und Nebengewerbe und die Seilbahnbauer müßte man hier wieder dazuzählen. All die vielen also, die indirekt vom Tourismus profitieren, aber sehr oft nicht bereit sind, auch Verpflichtungen und Lasten zu übernehmen, die mit der touristischen Entwicklung verbunden sind. Die Verkehrsvereine, die ihr Geld für die Tourismuswerbung zusammenbetteln müssen, wissen davon ein Lied zu singen. Man identifiziert sich nicht mit der Tourismusbranche, man steht abseits, wenn es ums Zahlen geht, aber steigt voll ein, wenn die anderen das Terrain geebnet haben. Die anderen, das sind die direkt im Tourismus Beschäftigten, die oft unangenehmen Berufe im Gastgewerbe und bei den Transportanlagen zum Beispiel, die zum Teil mit unmöglichen Arbeitszeiten und mit nicht konkurrenzfähigen Löhnen arbeiten müssen. Es ist paradox: Die direkt im Dienstleistungsprozeß des Tourismus engagierten, wirtschaftlich eher schwachen und weniger qualifizierten Berufe holen den wirtschaftlich eher starken und höher qualifizierten Arbeitsplätzen im indirekten Bereich die Kastanien aus dem Feuer. Und diese besseren Arbeitsplätze befinden sich oft auch gar nicht in den Berggemeinden selbst, sondern in den Zentren. Um so leichter fällt ihren Inhabern das Abschieben der Branchenverantwortung für den Tourismus auf andere. Und nicht zu vergessen: Je höher der Anteil auswärtiger Nutznießer, desto weniger bleibt der wirtschaftliche Nutzen des Tourismus im Tourismusgebiet selbst. Die sozialen Kosten aber muß es allein tragen.

Auch die **Touristen** haben sich geändert. Es sind nicht mehr, wie früher einmal, die beschaulichen, stillen Naturbewunderer oder eine sich in ein paar exklusiven Hotels treffende und feiernde gesellschaftliche Crème. Was während langer Jahre das Vergnü-

gen einiger weniger war, hat sich zum breiten Massenspaß entwickelt. Die Freizeitmobilität unserer Tage ist enorm: 75% der Schweizer Bevölkerung unternehmen im Durchschnitt zwei Ferienreisen pro Jahr, und auf Ausflügen, vor allem an Wochenenden, sind regelmäßig – durchschnittlich 13mal jährlich – 85% aller Schweizer unterwegs, Babies, Kranke und Alte miteingerechnet! Zahlen, die in ihren Größenordnungen auch in anderen Industrieländern ähnlich sind. Ein Touristenheer in Millionenstärke. Man nutzt jede Gelegenheit, um wegzufahren. Raus aus dem Alltag, rein in die Erholungsgebiete, so oft man kann. Und weil alle aus den gleichen Gründen zur gleichen Zeit an die gleichen Orte fahren, ergeben sich hier Engpässe und Überfüllungserscheinungen. Man baut immer mehr und überdimensionierte Anlagen, um die kurzen Saison- und Wochenendspitzen möglichst auszuschöpfen. Ist das kurze touristische Gastspiel einmal vorbei, sind die Großanlagen schlecht ausgelastet oder stehen überhaupt leer. Diese ungeheure zeitliche und örtliche Konzentration des Reisens ist eine der Hauptursachen für die übermäßige Nutzung der Erholungslandschaften. Aber nicht nur die Zahl, auch die Motive und das Verhalten der Touristen haben sich geändert. Heute reist man vor allem, um abzuschalten und auszuspannen, um eine Kompensation für all die vielen Mängel im Alltag zu finden. Weg von zu Hause und frei. Endlich keine Rücksicht auf irgend jemand nehmen müssen. Tun und lassen, was einem behagt. Sich kleiden, essen, Geld ausgeben, festen und feiern, wie man es sich schon lange gewünscht hat. Einmal so richtig ausflippen. Sich ausleben und austoben. Egal, was die anderen darüber denken. So legen viele Touristen eine Morgen-sind-wir-schon-wieder-fort-Haltung an den Tag. Verantwortung wird abgelehnt, die bereiste Umwelt und die dort lebenden Menschen entsprechend rücksichtslos behandelt. Man hat ja dafür bezahlt und glaubt sich im Recht. Man will die kurze Ferien- und Wochenendzeit maximal nutzen, möglichst viel unternehmen, um den Preis herauszuschlagen. Für sich selbst – ohne Rücksicht auf Verluste – das Beste herausholen. So kommt es, daß das Reisen oft zu einer egoistischen, rücksichtslosen, hektischen und konsumorientierten Erscheinung geworden ist.

Und etwas noch: Die modernen touristischen Aktivitäten benötigen immer neue Anlagen und Einrichtungen. Besonders anlageintensiv ist der Wintersporttourismus. Seine starke Verbreitung hat zu einer Technisierung vieler Berglandschaften geführt. Man müsse sich den Bedürfnissen der Nachfrage, der Touristen anpassen, lautet die gängige Begründung für jede Neuanlage. Es ist wie die alte Geschichte vom Huhn und vom Ei: ein weiterer Teufelskreis.

Mit dem Wandel von der Agrarwirtschaft zur Tourismusgesellschaft haben sich auch die **Bergbevölkerung,** ihre Lebensqualität und ihr Wohlbefinden tiefgreifend verändert. In Grindelwald wurden 1984 die Einheimischen darüber befragt, was ihnen die Entwicklung des Tourismus der letzten zwanzig Jahre gebracht habe. Rund die Hälfte der Befragten empfindet die Veränderungen in der Gemeinde eher positiv, die andere Hälfte eher negativ. Mit Abstand an erster Stelle der positiven Veränderungen wird der allgemeine Wohlstand genannt. Bei den negativen Aspekten erhielten folgende Aussagen besonderes Gewicht:

79% – Die Leute denken nur noch ans Geld

53% – Die Gemeinschaft ist nicht mehr da

46% – Es gibt zu viele Fremde hier

45% – Das Ortsbild ist verschandelt

44% – Der Familienzusammenhalt ist schlechter

43% – Die Landschaft ist verschandelt

26% – Vom Tourismus haben nur einige profitiert

Das also ist der Preis für den wirtschaftlichen Fortschritt, wie er in dieser untersuchten Gemeinde von der einheimischen Bevölkerung empfunden wird. In anderen Gemeinden mit viel Tourismus wird es nicht anders sein. Es sind die sozialen Kosten, die Nachteile des Tourismus für die Bereisten, die in keiner Buchhaltung stehen. Selbst die Tatsache, daß der Tourismus der Bergbevölkerung Arbeitsplätze brachte und die Abwanderung stoppte, hat seine versteckten Kehrseiten. Die Zahl der Arbeitsplätze hat zwar zugenommen, aber ihre Qualität ist oft mangelhaft. Vor allem die touristischen Beschäftigungen im engeren Sinne in Hotellerie, Restauration, bei den touristischen Bahnen usw. sind mit schwerwiegenden Nachteilen behaftet: Der Fächer an Berufs- und Lehrmöglichkeiten ist eng, viele Tätigkeiten unqualifiziert, das gesellschaftliche Ansehen der Berufe zum Teil gering, die Einkommen oft unterdurchschnittlich und die Beschäftigung nur saisonal. Darüber hinaus ist die Bergbevölkerung ein Menschenschlag, dem das Dienen in den Tourismusberufen offenbar nicht besonders liegt. Arbeitsplätze in der Landwirtschaft und im Gewerbe entsprechen eher ihrer Mentalität. Auch ist die Arbeitsqualität hier vergleichsweise höher. Die Folgen: Siehe oben, Baugewerbe. Das sind denn wohl auch die Gründe, weshalb der Ausländeranteil in den Tourismusberufen sehr hoch ist und weshalb – als besonders folgenschwere Konsequenz – auch in größeren Tourismusgemeinden nach wie vor junge Einheimische abwandern, um im Unterland nach anspruchsvolleren Ausbildungs- und Berufsmöglichkeiten zu suchen. Sie müssen durch Zuzüger und Saison-Arbeitskräfte ersetzt werden. Die Bevölkerungsstruktur verändert sich immer mehr. Ein weiterer, diesmal sozialer Konflikt ist vorgezeichnet: Die Spannungen zwischen verschiedenen Bevölkerungsgruppen steigen. Das für viele Einheimische bedrohliche Gefühl überhandnehmender Fremdeinflüsse, das Gefühl, zu Hause nicht mehr daheim zu sein. Die einheimische Bevölkerung wird nicht nur von außen von den Touristen überfremdet, sondern zusätzlich noch von innen her entfremdet.

Zwei Gesichter hat der Tourismus auch hinsichtlich der **Landwirtschaft.** Auf der einen Seite stützt er sie über den Arbeitsmarkt, indem er den Bauern Nebenerwerbsmöglichkeiten bietet. Auf der anderen Seite aber sägt er über den Bodenmarkt am ohnehin geschwächten landwirtschaftlichen Ast. Beim Bodenmarkt liegen denn auch die größten Konflikte zwischen Berglandwirtschaft und Tourismus. Durch die touristische Bauerei wird der Landwirtschaft meistens das ertragreichste und relativ noch am leichtesten zu bewirtschaftende Kulturland entzogen: Man baut am liebsten auf den flachen Böden im Talgrund oder dann an den sonnigen Südhängen. Die Bauern werden an den Dorfrand, im Extremfall buchstäblich in ein Schattendasein abgedrängt. Der Verlust von Besitz und Kontrolle guter landwirtschaftlicher Böden, vor allem für den Zweitwohnungsbau, wird oft als eine Art Enteignung empfunden. Solche Entwicklungen beeinträchtigen die ohnehin schon benachteiligte Berglandwirtschaft noch zusätzlich. Der durch die offizielle Agrarpolitik geförderte technische Fortschritt in Form der Motorisierung und Mechanisierung kann im Berggebiet ohnehin niemals so schnell und so gut genutzt werden wie im Talgebiet. Und auch aus klimatischen und topographischen Gründen muß die Produktivität der Berglandwirtschaft hinter jener der Tallandwirtschaft zurückbleiben. Weiter begünstigt die Preisgarantie auf Inlandprodukten die Großproduzenten auf Kosten der Kleinen, die Talbauern auf Kosten der Bergbauern. Trotz aller Anstrengungen der Bergbauern, mitzuhalten, und trotz Ausgleichszahlungen des Bundes hinken die Einkommen in der Berglandwirtschaft immer weiter hintennach. Und jetzt tritt noch der Tourismus als mächtiger Konkurrent auf dem Bodenmarkt auf: Mehr und mehr setzen sich bei der Landnutzung die Bodenverwertungsinteressen der Tourismuswirtschaft auf Kosten der Bodenerhaltungsinteressen der Agrargesellschaft durch. Fazit: Für viele Bergbauern haben sich die in den Tourismus und in die Agrarpolitik gesetzten Hoffnungen nicht erfüllt. Die eigene Situation ist nicht entscheidend besser geworden, die Belastungen haben womöglich sogar noch zugenommen. Gerade auch die Zusatzeinkommen im Tourismus stellen für den Bergbauern und die Bäuerin bei den ohnehin schon sehr hohen Arbeitszeiten eine starke Zusatzbelastung dar. Verständlich, daß der Bauer bei all diesen Zwängen mehr und mehr der Versuchung erliegt, Land zu verkaufen und aus der Landwirtschaft oder sogar aus seiner Heimatgemeinde abzuwandern. Das jedenfalls ist die Richtung des allgemeinen Trends gerade auch in Tourismusgemeinden. Selbst wo heute noch eine relativ befriedigende Zahl von Landwirtschaftsbetrieben anzutreffen ist, bleibt zu befürchten, daß es schon bald zu drastischen Reduktionen kommen wird. Viele Junge wollen diese Bürde der Arbeit in der Berglandwirtschaft nicht mehr auf sich nehmen und lieber in der Tourismuswirtschaft, im Gewerbe oder in der Stadt ihr Brot verdienen. Man weiß, daß gerade in Tourismusgebieten bei überdurchschnittlich vielen Landwirtschaftsbetrieben die Nachfolge schon mittelfristig nicht gesichert ist. Ob der noch junge Gegentrend, der auf eine Renaissance der landwirtschaftlichen Berufe hinweist, hier genügend kräftig ist, erscheint mehr als fraglich. Aber: Weniger Landwirtschaft heißt weniger Landschaftspflege. Weniger Landwirtschaft heißt auch Verlust der attraktiven Wirkung, die der Bauernbetrieb für den Touristen, der aus der Stadt kommt, ausübt. Wenigstens während der Ferien einmal eine Kuh von nahem sehen... Weniger Landwirtschaft heißt weiter Verschwinden von altem bodenständigem Brauchtum und kulturellem Erbe. Weniger Landwirtschaft be-

deutet schließlich auch, daß in den Tourismusgebieten der Einfluß des bäuerlichen Konservatismus, die «Hinterhäbigkeit» schwindet. Die bäuerliche Bedächtigkeit war es aber, die in vielen Ferienorten so etwas wie einen natürlichen Widerstand gegen die touristische Wachstumseuphorie, gegen das Verkaufen der Kuh anstatt der Milch darstellte. Wird es in Zukunft in den Tourismusgebieten nur noch die gemeindeeigene Kuhherde oder kuhhaltende Hoteliers – Beispiele für beides gibt es im schweizerischen Berggebiet heute schon – oder überhaupt keine Landwirtschaft mehr geben?

 Die **Landschaft** ist Rohstoff, Existenzgrundlage und Wirtschaftsmotor des Tourismus. Vor allem aber ist sie sein Konsumobjekt. Die Feststellung ist betrüblich: Erschließung, Nutzung, Kommerzialisierung, Ausbeutung haben fast überall und widerstandslos den Vorrang vor der Pflege und dem Schutz der Landschaft eingenommen. Was haben wir nicht alles im Zeitraum einer einzigen Generation von 25 bis 30 Jahren vollbracht: Wir haben in rasendem Tempo unsere Straßennetze gelegt, Betonbänder durch die Landschaft gezogen, Alpen untertunnelt, ganze Landschaften mit Seilbahnen und Liften verkabelt, verdrahtet und technisiert, Hügel korrigiert, Pisten planiert, Schneisen ausgeholzt. Und vor allem haben wir Häusle gebaut, Seeufer zugesperrt, Bergdörfer in Ferienstädte verwandelt, Natur- und Kulturlandschaften domestiziert und zu Playgrounds umfunktioniert. Alles im Zeichen des Tourismus. Es ist absurd: Wir zerstören das, wonach wir suchen, sobald wir es gefunden haben. Die einst schöne Landschaft wird immer häßlicher. Wissenschafter nennen es «visuelle Landschaftsbelastung».

 Und neuerdings sind sogar die Lebensgrundlagen **Wasser** und **Luft** ins Gerede gekommen. Sauberes Wasser und reine Luft wurden in den Tourismusgebieten seit jeher gewissermaßen als selbstverständlich hingenommen und auch als Werbeargumente verwendet. Erst jetzt wird man darauf aufmerksam, wie sehr diese beiden kostbaren Güter gefährdet sind. Die Vorschriften zum Gewässerschutz haben zwar einen wirksamen Riegel geschoben, jedoch noch nicht überall rechtzeitig. Die Verschmutzung der auch für den Tourismus so bedeutsamen Seen ist dafür der traurige Beweis. Die Elektrizitätsgewinnung hat schönste Flußläufe austrocknen lassen. Man diskutiert bloß noch über Restwassermengen. Neueste Untersuchungen zeigen, daß im alpinen Gebiet die Grundwasserspeicher besonders verletzlich sind. Durch größere Tiefbauten werden solche Speicher öfter angeschnitten. Sie senken sich dann ab oder laufen sogar aus. Die Belastbarkeit der Wasserqualität in den Bergen ist relativ gering. Verschmutztes Wasser kann wegen der geringen Filterkapazität der alpinen Böden nur schwer regeneriert werden. Seit die Wälder auch in den Bergen zu sterben beginnen – der Anteil der kranken Bäume ist hier besonders hoch und die Schäden nehmen überdurchschnittlich weiter zu, wird man gewahr, daß auch die vielgepriesene Bergluft verschmutzt ist. Und wohlgemerkt: Der Tourismus ist nicht nur Betroffener, sondern auch Verursacher der Luftverschmutzung. Luftschadstoffe werden durch Auspuffrohre der Motorfahrzeuge und durch die Kamine der Fabriken und Häuser ausgestoßen. In der Luft vermischen sie sich und wandeln sich zum Teil chemisch um. Der Wind transportiert sie weiter. Ihre Ausbreitung und Verwandlung wird auch von Sonneneinstrahlung, Luftfeuchtigkeit, Windstärke und -richtung, Temperatur und vielem mehr beeinflußt. Am Ende des Kreislaufes fallen die Schadstoffe in

Form von saurem Regen, Gasen und Staub wieder auf Umwelt und Menschen zurück. Die Luftverschmutzung hat nicht nur in den Städten und gesamtschweizerisch, sondern gerade auch im Berggebiet und in vielen Ferienorten beunruhigende Werte erreicht. Viele der Schadstoffe kommen von unten herauf, aus dem Tiefland und den Städten. Viele andere aber sind hausgemacht, vom Tourismus selbst verursacht. Rund 30% des gesamten schweizerischen Verkehrsaufkommens entfallen auf den Freizeitverkehr, also auf den Tourismus. Zwei Drittel aller Ferienreisen und 90% der Ausflüge werden mit dem Privatauto unternommen (Zahlen 1985). Wenn nun beispielsweise an einem schönen Wintersonntag 6 000 Autos nach Grindelwald fahren und durchschnittlich 150 km für die Hin- und Rückfahrt zurücklegen, so verbrennen sie etwa 80 000 Liter Benzin. Gleichzeitig stoßen sie mindestens 9 Tonnen Kohlenmonoxyd, 1,3 Tonnen Kohlenwasserstoffe, 1,7 Tonnen Stickstoffoxyde und 11 Kilo Blei aus. Und das alles an einem einzigen Tag und für ein einziges Reiseziel. Aber auch über die Hausfeuerung produziert der Tourismus immer mehr Schadstoffe. Haben Sie schon einmal daran gedacht, daß viele Tausende von Zweitwohnungen den ganzen Winter lang beheizt werden, obwohl sie die meiste Zeit unbewohnt sind? Und gleichzeitig rauchen auch die Kamine am Erstwohnsitz ohne Unterlaß. So kommt es, daß zu gewissen Zeiten die Luftverschmutzung vieler Ferienorte Werte erreicht, die weit über jenen anderer ländlicher Gemeinden liegen. Ein Extrembeispiel ist wahrscheinlich Davos, das im Unterschied zu andern großen Ferienorten den Mut hatte, seine Luftqualität wissenschaftlich testen zu lassen: Dabei wurde ein Jahresmittelwert für Schwefeldioxyd (Hausfeuerung) gemessen, der so hoch ist wie in Wohnquartieren der Agglomeration Zürich. Besonders unangenehm kann es in den Bergen bei schönem Wetter und sogenannten Inversionslagen werden, wenn die über den Kaltluftmassen am Boden liegenden wärmeren Luftschichten einen Stoffaustausch verhindern.

Waldsterben, Bodenvergiftung, aber auch die Zunahme von Erkrankungen der Lunge und der Atemwege bei den Menschen sind Folgen der gestiegenen Luftverunreinigung. Am dramatischsten würde das Berggebiet betroffen, wenn hier das Waldsterben (das man nur zu einem kleinen Teil dem Tourismus anlasten kann) weitergehen sollte und die Schutzwälder ihre Funktion nicht mehr zu erfüllen vermöchten. Wegen Lawinen und Steinschlaggefahr würden ganze Dörfer und Täler unbewohnbar, Straßen und Bahnlinien unbefahrbar. Einheimische und Touristen könnten hier nicht mehr weiterleben. Eine apokalyptische Vision!

***

Fragebogen 2:
Nachteile des Tourismus

Stellen Sie sich erneut Ihre Berggemeinde oder Ihren Lieblings-Ferienort im Berggebiet vor. Was vermuten Sie? Hat die Tourismus-Entwicklung der letzten Jahre

- die Anfälligkeit der örtlichen Wirtschaft erhöht? ○ ja ausgeprägt ○ ja etwas ○ eher nein

- ein wildes und unkoordiniertes Wachstum der verschiedenen touristischen Einrichtungen und Anlagen verursacht? ○ ja ausgeprägt ○ ja etwas ○ eher nein

- zu einem Verschleiß von Boden geführt? ○ ja ausgeprägt ○ ja etwas ○ eher nein

- Natur und Landschaft beeinträchtigt? ○ ja ausgeprägt ○ ja etwas ○ eher nein

- der einheimischen Bevölkerung Abhängigkeit gebracht und die Selbstbestimmung eingeschränkt? ○ ja ausgeprägt ○ ja etwas ○ eher nein

- die Eigenart der einheimischen Kultur untergraben? ○ ja ausgeprägt ○ ja etwas ○ eher nein

- soziale Spannungen in der Gemeinde hervorgerufen und wirtschaftliche Ungleichgewichte vergrößert? ○ ja ausgeprägt ○ ja etwas ○ eher nein

- .... ○ ja ausgeprägt ○ ja etwas

(ev. weitere positive Auswirkungen)

⊗ Zutreffendes ankreuzen

Die Kehrseiten der touristischen Entwicklung für das Berggebiet und seine Bewohner lassen sich als **die sieben Gefahren des Tourismus** zusammenfassen.

Gefahr 1: Der Tourismus führt zu einer einbeinigen und anfälligen Wirtschaftsstruktur

Je mehr der Tourismus wächst, desto mehr wird er zur beherrschenden wirtschaftlichen Kraft, bis am Schluß das gesamte Wirtschaftsleben eines Gebietes überhaupt von ihm abhängig ist. Eine einbeinige Wirtschaft aber ist viel leichter zu Fall zu bringen als eine mehrbeinige. Und noch anfälliger ist diese Wirtschaft dann, wenn es sich bei diesem einen Bein um den Tourismus handelt. Denn er ist – im Unterschied zur Landwirtschaft – konjunktur- und krisenempfindlich. Und nicht nur das: Er reagiert auch spürbar auf andere äußere Einflüsse, zum Beispiel auf politische Ereignisse in den Herkunftsgebieten der Gäste und sogar auf die schlechten Launen des Wettergottes. Auch wenn man ihm nachsagt, er sei in neuerer Zeit gegenüber solchen Schwankungen widerstandsfähiger geworden, bleibt folgendes wahr: Wenn es im Sommer übers Maß regnet, wenn im Winter der Schnee wegbleibt, wenn der Wechselkurs des Schweizer Frankens ansteigt, wenn eine Regierung im Ausland die Devisenausfuhr beschränkt, wenn da, von wo die Touristen herkommen sollten, die Wirtschaftslage sich verschlechtert, die Arbeitslosigkeit zunimmt oder gespart werden muß oder wenn noch tiefgreifendere Wirtschaftskrisen oder gar kriegerische Ereignisse die Länder und die Welt erschüttern und die Grenzen geschlossen werden, dann geht der Tourismus zurück oder bleibt im schlimmsten Fall sogar ganz aus. Auch hat man auf solche Schwankungen praktisch keinen Einfluß. Was bleibt, ist die bloße Hoffnung, all dies möge nicht geschehen.

Die Tourismus-Abhängigkeit der Wirtschaft: Das Beispiel Grindelwald
(Wert der umgesetzten Güter und Dienstleistungen)

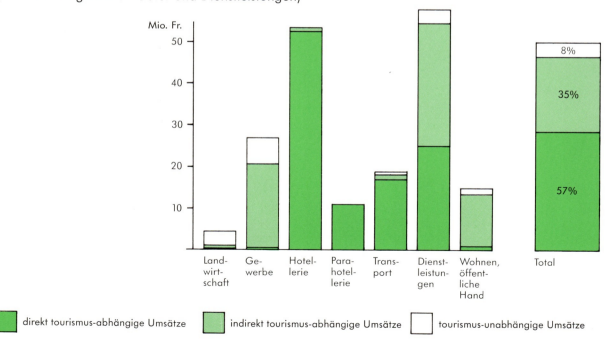

Je einseitiger also die wirtschaftliche Abhängigkeit vom Tourismus, desto größer die Risiken. Und wie weit man sich in verschiedenen sogenannten «Groß-Fremdenverkehrsgebieten» unserer Alpen bereits in diese Abhängigkeit hineinmanövriert hat, ist belegbar. So am Beispiel Grindelwalds, wo bekanntlich 92% aller Einkommen direkt oder indirekt im Tourismus erzielt werden und der Einkommensanteil der Landwirtschaft noch bloße 2% beträgt. Oder am Beispiel des Aletschgebietes, wo sich innert 20 Jahren der Anteil der Haupterwerbsbetriebe am Total aller Landwirtschaftsbetriebe von 77% auf 36% verkleinert hat. Etwas anders im Pays-d'Enhaut: Als Ende der zwanziger Jahre und während des Zweiten Weltkrieges der Tourismus praktisch zusammenbrach, zogen sich die Bewohner auf die Landwirtschaft als krisensichere Erwerbsquelle zurück. Und diese Erfahrung prägt noch heute die Einstellung der hiesigen Bevölkerung zum Tourismus, üben doch noch 84% der Landwirte ihren Beruf im Vollerwerb aus. In der Regel ist es aber doch so, daß auf lange Sicht der Stärkere den Schwächeren besiegt. In unserer Geschichte ist der Tourismus der Stärkere, die Landwirtschaft der Schwächere. Ein weiterer wirtschaftlicher Bedeutungsverlust der Berglandwirtschaft und eine noch größere Tourismus-Abhängigkeit sind also vorprogrammiert. Risiken hin oder her. Und Alternativen zum Tourismus, die wirtschaftlich genügend ergiebig sind, lassen sich im Berggebiet so schnell auch nicht finden – wenn es sie überhaupt gibt.

Gefahr 2: Der Tourismus wächst einseitig und unkoordiniert und höhlt seine eigene Ertragskraft aus

In vielen Berggemeinden hat ein eigentlicher touristischer «Rüstungswettlauf» stattgefunden und ist immer noch im Gange: In horrendem Tempo werden immer neue Ferien- und Zweitwohnungen, Luftseilbahnen und Skilifte, Infrastrukturanlagen, Sport- und Freizeiteinrichtungen und vieles mehr gebaut. Die Nachfrage aber vermag mit diesem Tempo nicht Schritt zu halten: Die Schere zwischen Angebots- und Nachfrageentwicklung öffnet sich immer mehr. Der touristische Produktionsapparat wird weiter aufgebläht, während seine Auslastung laufend zurückgeht. So beträgt die durchschnittliche Belegung der Ferien- und Zweitwohnungen 13%, die Auslastung der Berghotellerie 32%, der Nutzungsgrad der Seilbahnen 12%. Wenn man noch all die zahlreichen Kurorteinrichtungen, Sportanlagen, Kongreßhäuser usw. miteinbezieht, arbeitet der Schweizer Tourismus mit einer Jahresauslastung seines gesamten Produktionsapparates, die wahrscheinlich deutlich unter 20% liegt. Die schweizerische Industrie erreicht im Vergleich eine Kapazitätsauslastung von rund 80% (Zahlen 1980). Diese touristische Verschwendungswirtschaft ist ein volkswirtschaftlicher Unsinn: Sie bedeutet eine Verschleuderung von Boden und Kapital. Mit der Abnahme der Gesamtauslastungsrate der Ferienorte nimmt auch die Produktivität pro Hektare ständig ab. Und der Trend deutet auf eine weitere Verschlechterung hin: Weil es keine im voraus fixierten gemeinsamen Ziele gibt, wachsen die einzelnen touristischen Angebotskapazitäten wild und unkoordiniert und schaukeln sich gegenseitig auf. In der zersplitterten Tourismuswirtschaft versucht jeder Teil in erster Linie seine eigenen Interessen wahrzunehmen. Von Gesamtschau keine Spur. Ausbaugrenzen im Sinne des Endausbaus sind nicht bestimmt oder werden unter politischem Druck immer weiter hinausgeschoben. Die geschaffenen Überkapazitäten und der immer mehr gesättigte touristische Markt führen zu einem ständig

härteren Catch-as-catch-can in der Marktbearbeitung. Aber die erhöhten Werbe- und Verkaufsanstrengungen der sich konkurrenzierenden Ferienorte enden mehr oder weniger in einem Nullsummenspiel: Man hat dem anderen vielleicht einige Logiernächte abgejagt, aber die Gesamtnachfrage hat sich nicht oder nur unwesentlich erhöht. Die auf die Erzielung kurzfristiger Umsätze und Gewinne ausgerichteten Marktkräfte lassen gesamtwirtschaftlich interessante Bereiche verkümmern (Hotellerie) und volkswirtschaftlich weniger produktive Bereiche expandieren (Parahotellerie).

Sie haben auch in vielen Feriengebieten zu einem schnellen Überhandnehmen der Wintersaison auf Kosten der Sommersaison geführt: Alle Investitionen werden auf das ergiebige Wintergeschäft konzentriert – im Winterhalbjahr (November bis April) werden im schweizerischen Berggebiet mittlerweile schon über 55% aller Logiernächte und schätzungsweise 60% aller Einnahmen erzielt (Zahlen 1985). Das Sommerangebot wird vernachlässigt oder durch die kompromißlose Ausrichtung auf den Wintertourismus sogar sichtbar und spürbar beeinträchtigt. Und damit ist die weitere Talfahrt des Sommers vorprogrammiert. Aber jeder Volkswirtschafter weiß: Ein nachhaltig ergiebiger Bergtourismus ist nur mit einer starken Winter- und Sommersaison möglich. Ins gleiche Kapitel gehört die wegen der großen Überkapazitäten im Transportbereich notwendig gewordene Förderung des Tagestourismus, dessen Nutzen für die Gesamtwirtschaft meistens kleiner ist als beim Tourismus der Ferienaufenthalter. Und die beiden Formen vertragen sich nicht immer gut. Der touristische Massenbetrieb kann dem Individualtourismus abträglich sein. Aber aufgrund ihrer Tradition und ihrer Struktur müßte die Schweiz doch den Individualtourismus besonders pfleglich behandeln...

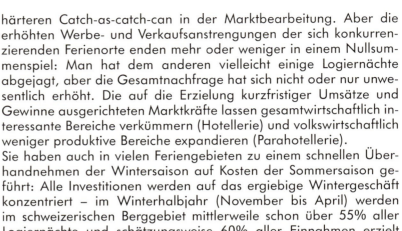

Gefahr 3: Der Tourismus verschleißt Boden

Nach wie vor verschwindet in der kleinen Schweiz für Besiedlung und Verkehr pro Sekunde ein Quadratmeter Kulturland unter Beton und Asphalt – ein ansehnlicher Teil davon in Erholungsgebieten. Eine Entwicklung, die um so bedenklicher ist, als nur knapp ein Drittel der Fläche unseres Landes für Siedlungen und Landwirtschaft, für Straßen, Bahnen und Flugplätze zur Verfügung steht. Das Hochgebirge, die Seen und Flüsse, der Wald sowie die Alpweiden und Heuwiesen bedecken zwei Drittel der Landesfläche. Im Alpenraum sind die Verhältnisse besonders kraß: Dort drücken steilaufragende Bergflanken die guten Böden und Siedlungsflächen auf schmale Streifen im Talgrund oder auf Hangterrassen zusammen. Und eben hier wütet der touristische Landschaftsfraß mit ungebremster Stärke. Im Siedlungsgebiet von Davos zum Beispiel wurden zwischen 1965 und 1982 pro Tag rund 100 m² Boden überbaut. Am gierigsten sind die besonders flächenintensiven Ferien- und Zweitwohnungen: Legt man einen durchschnittlichen Flächenbedarf von rund 650 m² pro Wohnung (einschließlich Anteil an Straßen, Parkflächen und öffentlichen Bauten) zugrunde, so haben die in der Schweiz zwischen 1970 und 1985 gebauten Ferien- und Zweitwohnungen ungefähr 90 km² Land verschlungen, was der Fläche des Zürichsees (88,5 km²) entspricht. Setzt sich der gegenwärtige Trend mit rund 10 000 neuen Zweitwohnungen pro Jahr fort, wird man bis im Jahr 2010 allein für diesen Ferienhaus- und Wohnungsbau weitere 160 km² Land benötigen, was fast 10% des heute bereits überbauten Areals der ganzen Schweiz oder die zusammengezählten Flä-

Die Landschaftsfresser

Der Flächenbedarf insgesamt:

für 7 200 Hotels   für 250 000 Ferien und Zweitwohnungen

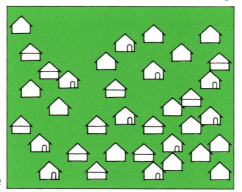

 8 km²   160 km²

Der Flächenbedarf pro Bett:

Hotel   Ferien- und Zweitwohnung

 30 m²    160 m²

Der Flächenbedarf pro Logiernacht:

Hotel   Ferien- und Zweitwohnung

 ⅕ m²   3 m²

chen des Vierwaldstättersees (114 km²) und des Luganersees (49 km²) ausmacht! Und der Flächenverbrauch für all die übrigen zusätzlichen touristischen Anlagen, Einrichtungen und Infrastrukturen ist darin noch nicht einmal enthalten! Ein Hotelbett braucht rund fünfmal weniger Boden als ein Zweitwohnungsbett (ca. 30 m²), ist aber dreimal besser ausgelastet. Je weniger die Bauten benützt werden, desto größer ist – räumlich und wirtschaftlich betrachtet – der Bodenverschleiß. So gesehen, belastet ein Zweitwohnungsbett den Boden rund fünfzehnmal stärker als ein Hotelbett. Aber nichtsdestotrotz wird in der Parahotellerie munter weitergebaut, während die Hotellerie stillsteht. Und was in diesem Zusammenhang auch ins Gewicht fällt: Mit jedem Quadratmeter, den wir verbauen, entziehen wir den bodenerhaltenden Nutzungen, so vor allem der Landwirtschaft und der freien Natur, wichtige Flächen. An der Bodenerhaltung jedoch müßte gerade der Tourismus ein besonderes Interesse haben... Und dennoch gehen wir mit dem knappen und nicht vermehrbaren Boden alles andere als haushälterisch um. Da stellt sich doch die Frage, wie lange wir uns solche unersättlichen Ansprüche noch leisten können. Wenn jeder ein Haus oder eine Wohnung auf dem Lande hat, gibt es bald kein Land mehr. Sollten wir nicht davon ausgehen, daß uns unsere Nachkommen besonders in den Erholungsgebieten eher für das danken werden, was wir nicht (mehr) gebaut haben, als für das, was wir (auch noch) gebaut haben (Hans Weiß)?

Gefahr 4: Der Tourismus belastet Natur und Landschaft

Die direkten negativen Wirkungen der touristischen Entwicklung auf Naturhaushalt und Landschaft sind weniger bedeutungsvoll als die indirekten: Eine fehlgelenkte landwirtschaftliche Nutzung fällt flächenmäßig und auch ökologisch weit stärker ins Gewicht als die Landschaftsschäden, die durch touristische Aktivitäten verursacht werden. Indem der Tourismus auf dem Bodenmarkt und auf dem Arbeitsmarkt als Konkurrent auftritt, mag er zur folgenschweren Intensivierung der Berglandwirtschaft in den einen Gebieten und zu ihrem Rückzug aus bestimmten anderen Gebieten indirekt auch etwas beigetragen haben. Hauptverantwortlich dafür ist jedoch nicht er, sondern die offizielle Landwirtschaftspolitik, deren Konzept auch in den Alpen «Intensivierung» heißt. Das bedeutet: Einsatz von mehr chemischen Mitteln (Dünger), Erhöhung der Betriebsflächen durch Güterzusammenlegung, Mechanisierung, Bau von Fahrwegen, Entwässerungen, Entfernung von Steinen und Hecken, Aufgabe von bisher extensiv bewirtschafteten Flächen (das Mähen von Alpwiesen zum Beispiel) und der mühsamen Forstwirtschaft und Spezialisierung (mehr Milchwirtschaft, weniger Ackerbau oder Obstbäume). Die Folgen für die Landwirtschaft sind gravierend: Die attraktive Vielfalt der Bewirtschaftung wird vereinheitlicht, die natürliche Vielfalt und Eigenart beeinträchtigt, der Talboden «trivialisiert», die Landschaft zu Tode gepflegt. Die sattgrüne Fettwiese verdrängt die blühende Magerwiese. Oder auf der anderen Seite – da, wo sich die Land- und Forstwirtschaft zurückzieht – kommt es zu zunehmenden Brachlandrisiken und kritischen Waldzuständen. So können die indirekten Wirkungen des Tourismus auf die Landschaft als Folge des touristisch bedingten Wandels in der Wirtschafts- und Gesellschaftsstruktur erheblich sein. Dagegen werden die von ihm verursachten direkten ökologischen Schäden oft überschätzt: Die Artenvielfalt der Tier- und Pflanzenwelt zum Beispiel ist in den Tourismusgebieten zwar an einigen neuralgischen Stellen, aber nicht durchswegs beeinträchtigt worden. Ein Stein des Anstoßes sind die Skipisten: Ihre maschinelle Präparierung führt zu kürzeren Vegetationszeiten, weil die kompakte Schnee- und Eisdecke länger liegenbleibt. Dadurch vermindert sich der Heuertrag (in den MAB-Testgebieten um 4 bis 18%) und die Artenvielfalt der Flora (in den MAB-Testgebieten um 15–18%). Werden ausapernde Pistenabschnitte im Frühjahr befahren, kann der Bestand an Zwergsträuchern bis zu 25% geschädigt werden.

Gravierend sind vor allem jene Schäden, die beim Bau und der Planierung von Skipisten entstehen: Da werden mit der Planierraupe oder gar mit der Bandsäge weiterum sichtbare Wunden in die Landschaft geschlagen, die sich trotz Wiederbegrünungsmaßnahmen niemals wieder schließen lassen und Bodenerosionen nach sich ziehen. Ski heil – Berg kaputt! Die Skipisten haben auch ihre Auswirkungen auf die Tierwelt, allerdings nicht nur negative: Die seltenen Birk- und Auerhühner fühlen sich gestört und wandern ab. Füchse, Marder oder Schneehühner hingegen lassen sich kaum beeinflussen. Gemsen, Rehe, Hirsche und andere Tiere benützen, wenn kein Betrieb herrscht, die Pisten gar als praktische Wanderwege zum Aufsuchen der Futter- und Schlafstellen. Bergstationen von Seilbahnen dienen einzelnen Vogelarten als Nistplätze.

Ernstzunehmende Gefahren aber gehen aus vom immer beliebteren Variantenskifahren, dem Skifahren außerhalb der Pisten und vom Querfeldein- und Wald-Skilanglaufen und -wandern außerhalb der Loipen. Es entstehen Kantenschäden an jungen Waldbäumen. Das Wild wird von den Futter- und Brutplätzen vertrieben. Auf der Fluchtstrecke verbrauchen die Tiere viel Energie, nehmen vermehrt Futter auf – der Wildverbiß an jungen Bäumen nimmt zu – oder sie erleiden sogar den Erschöpfungstod. Das sind einige der weniger bekannten Naturbelastungen durch den Tourismus. Die Verschmutzung von Luft und Gewässern, die Ablage von Kehricht aller Art sind andere, die darob nicht vergessen werden sollen. Schließlich führt die Verwandlung von Natur in Tourismusgelände zu einer starken optischen Landschaftsbelastung. Sie ist es, die am meisten kritisiert wird und alles andere in den Schatten stellt. Für den Touristen mag es genügen, wenn ihm ein paar Aussichtspunkte erhalten bleiben, von wo aus er die markanten Anziehungspunkte der Naturlandschaft ungestört besichtigen und fotografieren kann. Da muß der Blick auf Jungfrau, Mönch und Eiger und aufs Matterhorn frei bleiben. Wie der Siedlungsraum gestaltet ist, spielt ihm eine weniger große Rolle. Hier kann es offenbar wie zu Hause in der Stadt oder gar noch schlimmer sein. Und so sieht es denn in vielen Feriengebieten auch aus: städtische Bauformen und Materialien, Stilwirrwarr, pseudorustikales Dekor, Verhäuselung, lieblos in die Landschaft gelegte Straßen, häßliche Stützmauern und Kunstbauten, kurz, architektonische Umweltverschmutzung, so weit das Auge reicht. Und der Druck auf die Natur und die Erholungslandschaft mit all seinen Gefahren nimmt weiter zu, exponentiell...

Gefahr 5: Der Tourismus bringt der ansässigen Bevölkerung Fremdbestimmung und Abhängigkeit

Die Alpen sind eines der größten zentralen Erholungsgebiete der Welt: Millionen von Erholungssuchenden aus dem außeralpinen Raum gesellen sich zu den Ortsansässigen. In typischen Fremdenorten kann die Zahl der Touristen das 10- der 20fache der Einheimischen betragen. Die zunehmende Fremdbestimmung ist ohne Zweifel das am schwersten wiegende Problem der anrollenden Stadt. Aus der Sicht der großen Agglomerationen werden die Berggebiete immer mehr als bloßer Ergänzungs- und Zulieferraum betrachtet, als Lieferant von Arbeitskräften, Rohstoffen, Trinkwasser und Energie zur Sicherstellung des weiteren Wachstums der Städte; und eben vor allem als Lieferant von Erholungsraum für die stadtmüde Bevölkerung. Im Zuge dieser Entwicklung haben sich die Entscheidungsprozesse aus dem Alpenraum heraus in die Zentren der wirtschaftlichen und politischen Machtkonzentrationen verlagert. Investitionsentscheidungen über die Errichtung von Touristikzentren, Großkabinenbahnen, Straßen, Kraftwerken, Zweitwohnungen usw. werden in Zürich, Genf und Bern oder sogar in Mailand oder Frankfurt getroffen. Die Städter stellen ihre eigenen Interessen in den Vordergrund. Sie kommen mit ihren eigenen Maßstäben. An die Lebensbedingungen der Bergbevölkerung oder an das ökologische Gleichgewicht in diesem Raum wird nicht gedacht. In den meisten Tourismusgebieten der Alpen kann man eine fast ungehemmte Fortsetzung von Zerstörungsvorgängen beobachten, obwohl man seit Jahren eindringlich davor warnt und die verheerenden Folgen überall in die Augen springen. Kommt nicht gerade darin die überhandnehmende Fremdbestimmung zum Ausdruck? Sind das nicht Zeichen dafür, daß sich die einheimische Bevölkerung von der schnellen Entwicklung überrollen läßt und ihre Fähigkeit der Selbstkontrolle mehr und mehr verliert? «Wer zahlt, befiehlt!» Der Volksmund drückt aus,

wie das Kräfteverhältnis wirklich liegt: Wer das Kapital einbringt, sitzt am längeren Hebel. Im Tourismusgeschäft kommt das Geld aus der Stadt, aus den reichen, produktiven Zonen und Metropolen – und fließt auch meistens wieder dorthin zurück. Die Bevölkerung im Berggebiet verfügt zwar über die beiden anderen Produktionsmittel, ohne die es nicht ginge, nämlich Boden und Arbeit. Aber diese verkaufen sie billig, um am Tourismusgeschäft teilhaben zu können. Weil viele Gebiete den Tourismus entwickeln wollen, ist die Konkurrenz groß. Solange ein Gebiet noch nicht zu einer bekannten Destination geworden ist, um die sich alle reißen, muß es die Preise akzeptieren, die ihm von außen geboten werden. Und darüber hinaus werden die gute Luft, die Sonne, der Schnee, die Berge, die Hügel, die Seen sozusagen gratis mitgeliefert. Als freie Güter stehen sie – fast uneingeschränkt – jedermann zur beliebigen Verfügung. So kömmt es, daß viele Tourismusgebiete ihre Ressourcen zu Schleuderpreisen verkaufen, ohne zu merken, daß sie dadurch mehr und mehr in Abhängigkeit geraten. Sie merken es spätestens dann, wenn die Auswärtigen die Boden- und Mietpreise derart in die Höhe getrieben haben, daß es sich der Einheimische fast nicht mehr leisten kann, in der eigenen Gemeinde zu wohnen, geschweige denn hier ein Eigenheim zu bauen.

Aber es wäre falsch, für diese Entwicklungen nur die bösen Auswärtigen verantwortlich zu machen. Vielerorts machen gewisse Gruppen von Einheimischen selbst aktiv am Schaufeln des eigenen Grabes mit. Die größten Bodenspekulanten sitzen oft in den eigenen Reihen und bekleiden sogar die höchsten politischen Ämter. Andere Einheimische bleiben einfach stumm. So ist der Tourismus zu einer Art friedlichen Eroberung geworden, die nicht nur mit schweigender Zustimmung, sondern sogar auf ausdrückliche Veranlassung der «Eroberten» erfolgt. Und weil die Touristen hinströmen, wo es ihnen beliebt, entstehen überall neue Ansätze für weitere «Entwicklungen». Mehr Geld wird benötigt, um den wachsenden Bedarf an Infrastruktur für die Touristen bezahlen zu können. Aber bezahlen kann man nur, wenn man mehr verdient. Mehr verdienen kann man nur, wenn mehr Touristen kommen. Also rücken neue Unternehmungen nach, neue Touristen kommen usw. Bald übersteigt die Zahl der Touristen jene der Einheimischen. Die einheimischen Arbeitskräfte genügen nicht mehr – man muß Verstärkung von außen anfordern. Die Zahl der Zuzügler wird immer größer. Einige Touristen oder auswärtige Geschäftsleute bleiben, weil es ihnen hier besonders gut gefällt oder weil sich hier gutes Geld verdienen läßt. Sie verlegen ihren Wohn- und Geschäftssitz. Und weil sie tüchtig und auch gut ausgebildet sind, bekleiden sie die guten beruflichen Positionen. Wie für alles, interessieren sie sich auch für die Politik. Sie können gut reden und haben Erfahrung. Sie müssen nicht lange warten, bis man ihnen politische Mandate überträgt, und dann mischen sie mit auf oberster Ebene. Das Heft ist den Einheimischen aus der Hand geglitten. Langsam, fast unmerklich.

Gefahr 6: Der Tourismus untergräbt die Eigenart der einheimischen Kultur

Der wachsende Tourismus bedroht die einheimische Kultur in Form einer zweifachen «Überfremdung». Überfremdung von außen durch die vielen Touristen und Entfremdung von innen durch die neuzugezogene Wohnbevölkerung und die Saisonarbeitskräfte. Die Einheimischen fühlen sich weit weniger durch die Touristen bedroht

und bedrängt als durch die Neubürger, die ihre traditionelle dörfliche Gemeinschaft unterwandern. Ihre Dauerpräsenz wird stärker empfunden als die vorübergehende Anwesenheit der Touristen, von der man sich leichter absetzen und abgrenzen kann. Die Schrumpfung der landwirtschaftlichen Bevölkerung gefährdet den inneren Zusammenhalt des Bauernstandes und seine Fähigkeit, als Träger des kulturellen Erbes aufzutreten. Kulturelle Eigenarten, Sitten und Bräuche, Traditionen und Normen, die eigene Sprache gehen verloren oder werden verwässert. Direkt oder indirekt führt der Tourismus auch zu Störungen des familiären und gesellschaftlichen Zusammenlebens, zur kulturellen Verflachung und Apassung an den fremden Geschmack, zum Folklorismus. Wer kennt sie nicht, die vielen Jodelchöre, Fahnenschwinger, Alphornbläser und Trachtenmädchen, die zur Unterhaltung der Touristen auftreten und ihnen etwas «heile Welt» und «typisch Schweizerisches» vorspielen sollen. In fremder Umgebung und aus dem ursprünglichen Zusammenhang herausgerissen, muß einem solches eher als arrangiertes Theater denn als Ausdruck traditioneller Alpkultur vorkommen. Aber es gibt auch ganz andere Zeichen für den Verlust an kultureller Identität. Als ob man sich dessen schämen müßte, wird vielerorts das Einheimische in falsch verstandenem Kundeninteresse wegretuschiert und alles auf einen imaginären touristischen Einheitsgeschmack ausgerichtet. Bedenkenlos wird die eigene Kultur zugunsten einer gesichtslosen Tourismus-Unkultur aufgegeben.

Mit jedem verkauften Quadratmeter Boden geht auch ein Stück Heimat verloren. Das Dorf ist eine Fremdenstation geworden, die eigene Heimat ein Playground für andere. Da taucht noch ein weiteres Problem auf, über das kaum je gesprochen wird: der Alkoholismus, der besonders in großen Ferienorten klar über dem schweizerischen Durchschnitt liegt und vor allem auch die jugendlichen Einheimischen erfaßt. Er sei – so sagen Mediziner und Soziologen – Ausdruck von Orientierungsschwierigkeiten. Oft zu beobachten ist der «zwischensaisonale Alkoholismus» zur Verdrängung der Langeweile, weil im Dorf nichts mehr läuft.

Gefahr 7: Der Tourismus birgt soziale Spannungen und vergrößert Ungleichgewichte

Die Bedingungen, unter welchen der moderne Tourismus in den Bergen abläuft, sind nicht dazu angetan, die Beziehungen zwischen

den verschiedenen beteiligten Menschen zu verbessern, das gegenseitige Verständnis zu fördern, geschweige denn soziale Ungleichgewichte abzubauen. Im Gegenteil. Zwischen den Touristen und der ortsansässigen Bevölkerung kommt es nur selten zu einer wirklichen Verständigung. Wo bei den Touristen ein besitzergreifendes und egoistisches Verhalten vorherrscht, wo der Arbeitsalltag der einen mit der Ferienfreizeit der andern zusammenprallt, wo die kulturellen und wirtschaftlichen Unterschiede groß sind, wo Massenhaftigkeit, Kommerz, Hektik und Fremdbestimmung dominieren, wo das Interesse am andern bloß ein materielles ist, wo Überlegenheits- und Unterlegenheitsgefühle aufkommen, da kann eine Begegnung, die diesen Namen verdient, nicht stattfinden. Da kann es leicht zur Konfrontation statt zur Begegnung geraten. Aber auch zwischen den ortsansässigen Bevölkerungsgruppen treten Spannungen auf, die der wachsende Tourismus nur noch verschärft: zwischen den Einheimischen, die mehr vom Tourismus profitieren und jenen, die – tatsächlich oder vermeintlich – weniger teilhaben oder gar gänzlich ausgeschlossen sind. Touristische Entwicklungen sind meistens durch eine räumlich starke Konzentration gekennzeichnet. Das Hauptgeschäft macht eine relativ begrenzte Zahl von Ferienzentren. Außerhalb dieser touristischen Honigtöpfe läuft wenig oder nichts. Da kann es vorkommen, daß unmittelbar neben den prosperierenden Tourismusorten bittere Armut herrscht und sich die innerregionalen wirtschaftlichen Differenzen immer weiter vergrößern. Schleichender Neid und Mißgunst zwischen Talschaften oder sogar zwischen Fraktionen ein und derselben Berggemeinde sind die Folge. Hier zu wenig, um zu leben, dort der Überfluß und die Sogwirkung des attraktiven Tourismusorts. Man wandert ab, obwohl man eigentlich bleiben möchte. Der Spaltpilz ist am Werk. Vom nicht immer guten Verhältnis zwischen den alteingesessenen Einheimischen und den vom Tourismus mitgebrachten Zuzügern war schon die Rede.
Schließlich bleibt auch die ganz große in den Tourismus gesetzte Hoffnung unerfüllt: Er vermochte das wirtschaftliche Ungleichgewicht zwischen Berg und Tal, zwischen Land und Stadt insgesamt nicht zu verringern. Der Markt investiert in die bereits ausgebauten Tourismusorte. Das Geld fließt in jene Orte, die «in» sind, die schon über ein attraktives Angebot, einen bekannten Namen und ein großes Gästepotential verfügen. Die andern haben das Nachsehen und müssen sich mit den Brosamen begnügen, die vom reich gedeckten Tisch der Großen abfallen. Trotz vieler Anstrengungen der schweizerischen Berggebietsförderung ist eine Wende nicht eingetreten: Die schwachen Gebiete sind schwach geblieben oder noch schwächer geworden, die starken hingegen wurden noch stärker.

***

Das also ist die Fortsetzung unserer Geschichte: Nicht mehr die schöne Geschichte vom Tourismus als Lebensretter, sondern die häßliche Geschichte vom Tourismus als Lebensbedroher. Die andere Seite der Medaille. Die Gefahren werden sichtbar, die an allen Ecken und Enden des touristischen Wachstumsprozesses lauern. In vielen Tourismusregionen und -orten ist vieles davon schon vollendete Tatsache. Schäden, die man sehen und spüren kann. Und noch mehr davon kommt auf uns zu, weil die Prozesse weiterlaufen, weil viel Eigendynamik darinsteckt, weil viele negative Folgen bereits begangener Fehler erst mit einem Zeitverzug eintreten. Und weil sich die Entwicklungen so leicht nicht steuern und korrigieren lassen, auch wenn man wollte.

Fragebogen 3:
Saldo der Vor- und Nachteile

Wenn Sie die beiden Fragebogen auf den Seiten 17 und 37 ausgefüllt haben, so können Sie einen ganz persönlichen Kosten-Nutzen-Vergleich der touristischen Entwicklung für «Ihren» Bergort aufstellen. Dieser Vergleich ist zwar etwas fragwürdig, weil wir der Einfachheit halber annehmen, daß die einzelnen Vorteile und Nachteile dasselbe Gewicht haben, was in Wirklichkeit natürlich nicht zutrifft. Dennoch dürfte es für Sie interessant sein, was bei diesem «Spielchen» herauskommt, wie Ihre Einschätzung des Tourismus ausfällt.

1. **Ihre Beurteilung der Vorteile**
   (Fragebogen 1, Seite 17):
   - Zählen Sie die Kreuze in der 1. Spalte
     («ja ausgeprägt») zusammen und
     multiplizieren Sie sie mit 2   = ...
   - Zählen Sie die Kreuze in der 2. Spalte
     («ja etwas») zusammen   = ...

   Total 1: **Nutzenpunkte**   ....

2. **Ihre Beurteilung der Nachteile**
   (Fragebogen 2, Seite 37)
   - Zählen Sie die Kreuze in der 1. Spalte
     («ja ausgeprägt/viel») zusammen und
     multiplizieren Sie sie mit 2   = ...
   - Zählen Sie die Kreuze in der 2. Spalte
     («ja etwas») zusammen   = ...

   Total 2: **Gefahrenpunkte**   ....

3. Bilden Sie die **Differenz,** indem Sie von den
   Nutzenpunkten (Total 1) die Gefahrenpunkte
   (Total 2) abziehen   ....

Färbung Ihrer Einschätzung

- Differenz +6 und mehr: Sie gehören eher zur Gruppe der **«Weißwäscher»,** für die der Tourismus eine blütenweiße Weste trägt und der Berggemeinde fast nur Segen bringt.

- Differenz +2 bis +5: Sie gehören eher zur Gruppe der **«Rosa-Färber»,** die den Tourismus trotz einiger Dornen überwiegend rosig sehen.

- Differenz +1 bis −1: Sie gehören eher zur Gruppe der **«Unentschiedenen»,** für die der Tourismus sowohl Sonnen- wie auch Schattenseiten aufweist. Welche mehr ins Gewicht fallen, ist ungewiß.

- Differenz −2 bis −5: Sie gehören eher zur Gruppe der **«Grau-Färber»,** für die der Tourismus nicht hält, was er verspricht, und mehr Nachteile als Vorteile bringt.

- Differenz −6 und mehr: Sie gehören eher zur Gruppe der **«Schwarz-Maler»,** für die der Tourismus eine rabenschwarze Angelegenheit, ein Alptraum für die Berggemeinde ist.

3.
Die entscheidende Frage nach dem Saldo der Kosten und Nutzen

Die 7 Nutzen und Gefahren des Tourismus auf der Waagschale

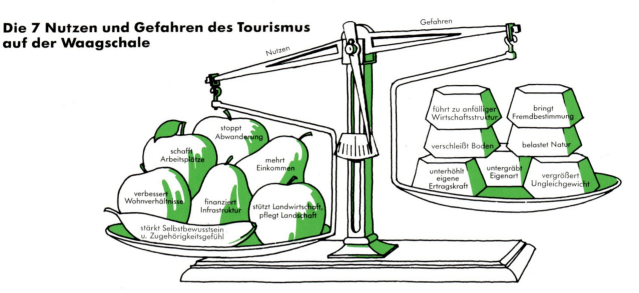

Was gilt jetzt: Die schöne oder die häßliche Geschichte? Ist der Tourismus für die Alpen nun Segen oder Verderben? Welche der Wahrheiten ist die richtige? Wie soll man aus diesen Widersprüchen klug werden?

Das wohlbekannte Bild von der Waage hilft weiter. Auf der einen Seite die Waagschale gefüllt mit den Nutzen oder den Früchten des Tourismus. Die Gewichtssteine auf der anderen Seite verstehen wir als die Belastungen oder als die Kosten. In der Mitte das Zünglein, das angibt, wie der Saldo ausfällt. Gut ist, wenn die Nutzen schwerer wiegen als die Kosten. Oder anders ausgedrückt, wenn die Früchte mit möglichst geringen Kosten geerntet werden können. Schlecht ist, wenn die Waage auf die andere Seite kippt, die Belastungen zu schwer wiegen und die Nutzen auffressen. Das vorsichtige gegenseitige Abwägen ist die zentrale Frage.

Wir möchten sechs Schlüsse ziehen:

1. Das Verhältnis aller Kosten und Nutzen ist wichtig, nicht der einzelne Vor- oder Nachteil.

Ein Blick auf die Waage mit den verschiedenen Kategorien der anfallenden Nutzen und Kosten genügt: Der Tourismus im Berggebiet ist weder so eindeutig positiv und rosig, wie es seine unkritischen Befürworter wahrhaben wollen, noch ist er so eindeutig negativ und schwarz, wie ihn seine erklärten Gegner darstellen. Er ist nicht «entweder/oder», sondern immer «sowohl/als auch». Die jeweilige Wirklichkeit ist stets eine bestimmte Kombination von Kosten und Nutzen. Nicht jede Art der touristischen Entwicklung und nicht jedes Wachstum sind zum vornherein bedenklich. Entscheidend ist, ob das Verhältnis aller Kosten und Nutzen günstig ist, ob der Saldo positiv ausfällt.

2. Die gesellschaftlichen und ökologischen Kosten und Gefahren sind der Preis für den wirtschaftlichen Nutzen.

Auf der Nutzen-Seite liegen vor allem wirtschaftliche Vorteile, auf der Kosten-Seite hingegen vor allem Nachteile für die Gesellschaft und die Umwelt. Hier erscheinen insbesondere auch all die «sozialen Kosten», die normalerweise in keiner Buchhaltung zu finden sind: Wie will man die Beeinträchtigungen der Umwelt, wie die zunehmenden Fremdeinflüsse, wie den Kulturverlust beziffern? Aber es darf nicht geschehen, daß diese Kategorien unerwähnt bleiben, nur weil man sie nicht in Zahlen ausdrücken kann. Ob die Nutzen die Kosten aufwiegen, hängt auch davon ab, wie vorab die Bergbevölkerung die Situation bewertet, welches Gewicht sie den verschiedenen Vor- und Nachteilen beimißt. Zur Debatte steht die Höhe des Preises, den man für den wirtschaftlichen Fortschritt zu bezahlen gewillt ist. Für viele ist dieser Preis schon heute zu hoch. Aber es ist auch die Frage zu stellen, ob nicht die Einbuße an Selbstbestimmung, an kultureller Identität und an Umweltqualität durch die Aufrechterhaltung einer zwar veränderten, dafür aber nicht zusammenbrechenden einheimischen Wirtschaft und Gesellschaft aufgewogen wird.

3. Das Gleichgewicht ist äußerst empfindlich.

Jede Veränderung, so unbedeutend sie auch erscheinen mag, verschiebt die Gewichte und schafft einen neuen Zustand. Und weil die Dinge zusammenhängen, kann auch die kleinste Veränderung große Auswirkungen haben. Wie beim Seiltänzer die Balance, muß das gewünschte Gleichgewicht immer wieder neu gesucht und bestimmt werden. Ist es einmal erreicht, bleibt es nicht erhalten, da die Situation hüben und drüben ständig in Bewegung ist. Und manchmal braucht es sehr wenig, um das Gleichgewicht zu verlieren. Das ist besonders dann der Fall, wenn man sich in der Nähe der Grenzen der Belastbarkeit befindet und eine zusätzliche Belastung schnell zur Überlastung werden kann. Im Gegensatz zur Waage, wo Gewichte beliebig verschoben werden können, lassen sich einmal verursachte Schäden der touristischen Entwicklung, zum Beispiel solche in der Natur oder im Bewußtsein der Bevölkerung, nicht einfach zurücknehmen. Viele dieser Schäden sind «irreversibel», wie der Wissenschafter sagt. Und das macht die Suche nach dem Gleichgewicht der touristischen Entwicklung zu einer noch schwierigeren Angelegenheit.

4. Die Verhältnisse sind zwar von Ort zu Ort verschieden...

Es ist sicher so, daß die verschiedenen Kosten und Nutzen des Tourismus und ihr Saldo sehr stark von den jeweiligen örtlichen Gegebenheiten abhängig sind. Da gibt es zahlreiche Unterschiede. So zum Beispiel bezüglich Landschaft und Klima, der Gebiets- und Siedlungsgröße, der Ausrüstung mit Infrastruktur und touristischen Einrichtungen, der Verkehrslage des Ortes, der örtlichen Erfahrung mit dem Tourismus, der Form und des Ausmaßes des Tourismus, dessen Platz in der gesamten Wirtschaftsstruktur, des Tempos der touristischen Entwicklung, der Aufnahmefähigkeit und des Anpassungsvermögens der einheimischen Bevölkerung usw. Je nachdem wie all das im einzelnen aussieht, kann die Bilanz ein anderes Gesicht haben. Aber deshalb ist noch längst nicht jede Gemeinde, jeder Ferienort ein «Sonderfall». Es gibt viele gemeinsame Erfahrungen und verallgemeinerbare Erkenntnisse. Wenn sie auch nicht genau gleich sind, sehen die Entwicklungsmuster in den verschiedenen Orten doch sehr ähnlich aus.

5. ...aber allgemein ist ein quantitatives Tourismuswachstum mit abnehmenden Erträgen und zunehmenden Problemen vorherrschend.

Es gibt so etwas wie einen «Trampelpfad der touristischen Entwicklung», auf dem fast alle Tourismusgebiete – wissentlich oder unwissentlich – unbeirrt voranschreiten und von dem sie kaum abzubringen sind. Es ist der mächtige «Genosse Trend» des quantitativen Tourismuswachstums, der alle qualitativen Ziele unterläuft und einen immer bedrohlicher werdenden Substanzverlust nach sich zieht. Seit Jahren bekennt man sich – in der Schweiz wie anderswo – lauthals zu einer qualitativen Tourismusentwicklung. Man sagt, man wolle in erster Linie das Bestehende konsolidieren, die Qualität verbessern, in die Tiefe wachsen und ähnliches mehr. Solche Zielsetzungen bleiben Leerformeln. Sie werden nach Belieben umgestoßen. Letztendlich obsiegt fast immer die von wirtschaftlichen Interessen dominierte kurzfristige Unvernunft. In Tat und Wahrheit gehen der Bauboom und die Expansion der Angebotskapazitäten in fast allen Tourismusgebieten weiter. Eine quantitative Entwicklung, mit abnehmendem volkswirtschaftlichem Ertragszuwachs (sinkende Erträge pro zusätzliche Angebotseinheit) bei zunehmenden gesellschaftlichen und ökologischen Problemen. Das bedeutet nichts anderes als eine schleichende oder vielerorts bereits galoppierende Erosion der Erholungslandschaften, verbunden mit einem laufenden Qualitäts- und Substanzverlust des touristischen Potentials. Die Perspektive dieser quantitativen Tourismusentwicklung ist düster: Die Kosten und Gefahren des Tourismus nehmen schnell zu, die Nutzen schwächen sich ebenso schnell ab, der Saldo verschlechtert sich zunehmend.

Das tönt alles reichlich kompliziert, läßt sich aber an einem Beispiel leicht veranschaulichen. Mit dem Tourismus ist es so wie mit dem Dünger: Der Landwirt kann den Ertrag auf einem gegebenen Stück Boden vorerst stark steigern, indem er mehr Dünger einsetzt. Doch die Möglichkeit der Ertragssteigerung stößt an Grenzen. Der Bauer kann wohl immer mehr Dünger ausbringen, die Ertragszuwächse jedoch werden immer geringer. Schließlich tritt infolge der «Überdüngung» und des Entstehens zusätzlicher Kosten der Moment ein, da der Ertragszuwachs ganz ausbleibt oder die Ernte sogar absolut zurückgeht. Die Volkswirtschafter nennen diesen Zusammenhang zwischen den Investitionsanstrengungen und den resultierenden Erträ-

---

Zum Gesetz des abnehmenden Ertragszuwachses – Aufgabe für «Rechnungskünstler»

Das Gesetz des abnehmenden Ertragszuwachses besagt, daß der durch eine zusätzliche Einheit eines variablen Faktors hervorgebrachte Mehrertrag mit zunehmender Einsatzmenge dieses Faktors und bei konstanter Einsatzmenge aller übrigen Faktoren abnimmt.

Angebotseinheiten	Erträge	Ertragszuwachs
0	0	
100	2000	2000
200	5000	3000
300	7000	....
400	8500	1500
500	9000	1000
600	9500	500
700	9500	...
800	....	

Aufgabe: Setzen Sie die fehlenden Zahlen ein.

gen das «Gesetz des abnehmenden Ertragszuwachses». Dieses Gesetz ist auch im Tourismus wirksam und schlägt sich in einer typischen «Entwicklungskurve» nieder. Sie widerspiegelt genau den Ablauf unseres Drehbuchs von der Tourismusentwicklung. Am Anfang die «schöne Geschichte» – in der Aufschwungphase ist der Ertragszuwachs für jede zusätzliche Angebotseinheit groß. Jedes neue Bett, jeder neue Skilift, jede weitere Infrastrukturanlage und Dienstleistung bringen entsprechend mehr Einnahmen. Die Kurve zeigt steil nach oben. Im Verlaufe der Zeit wird ein Punkt erreicht, wo mit jeder zusätzlichen Investition der Ertrag noch immer anwächst, aber mit immer kleineren Raten. Die Kosten sind größer geworden, die Nachfrage hält nicht mehr ganz Schritt, die Auslastung nimmt ab. Der Übergang zur «bedenklichen Geschichte» ist fließend und fast unmerklich. Die Kosten der Angebotserweiterungen steigen immer mehr, die Ertragszuwächse aber werden immer kleiner. Die Kurve flacht immer stärker ab. Die Reife- oder Sättigungsphase ist eingetreten. Und plötzlich schlägt die Kurve um und weist nach unten: Weitere Investitionen lohnen sich nicht mehr oder zeitigen infolge «Übersättigung» sogar negative Ergebnisse. Die Abstiegsphase ist eingeläutet. Der Anfang vom Ende. Dieses Kurvenbild entspricht auch dem, was man als «Lebenszyklus» eines Produktes bezeichnet: Jede Idee, jede Leistung, jedes Angebot durchläuft einen Lebenszyklus, der durch die Phasen des Aufschwungs, der Reife und des Abstiegs gekennzeichnet ist. Die Schicksalsfrage lautet demnach: Wo auf dieser Kurve stehen wir? Wo steht der Ferienort X, wo das schweizerische Berggebiet als Tourismusdestination?

Die Berg- und Talfahrt der Alpen
(Gesetz des abnehmenden Ertragszuwachses / Produkte-Lebenszyklus)

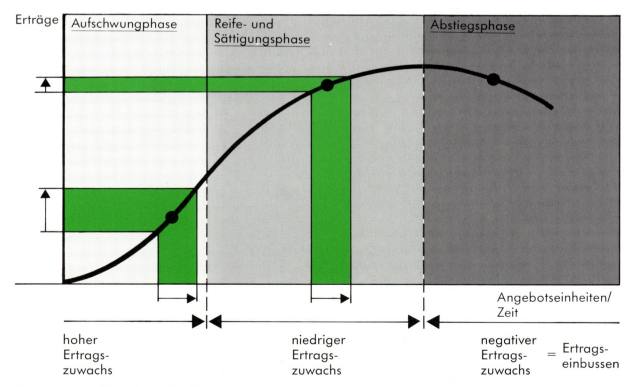

Wo steht Ihre Gemeinde / Ihr Ferienort?

Ist die «Alpenmüdigkeit», die sich bei vielen Touristen neuerdings abzeichnet, ist die erfolgreiche Konkurrenz der Sonnenländer, sind die rückläufigen Sommer-Frequenzen in vielen alpinen Orten nicht Anzeichen dafür, daß sich die Berge auf Talfahrt befinden? Daß die Sättigungs- und Abstiegsphase begonnen hat? Müßte man aufgrund der Lehre vom Lebenszyklus nicht merken, daß man spätestens in der Reifephase – in der wir uns im schweizerischen Berggebiet offensichtlich befinden – neue (qualitative) Ideen finden und lancieren muß, daß «Innovation» vonnöten ist, wenn man sich vor dem Abschwung bewahren will?

6. Der «Aufstand der Bereisten» als Hoffnung.

Immer mehr Bewohnern der Berg-Feriengebiete ist es in ihrer Haut nicht mehr wohl. Sie tun zwar – wie Jeanne Hersch meint – immer noch (fast) alles, damit die Touristen kommen, aber sie möchten eigentlich alles tun, um sie am Kommen zu hindern. Nicht nur die ökologischen, sondern auch die psychologischen und kulturellen Belastungsgrenzen durch den Tourismus seien in der Schweiz annähernd erreicht. Solches schrieb der Schweizer Hotelier-Verein bereits in seinem Leitbild 1982. Die einheimische Bevölkerung werde problembewußter und sei nicht länger gewillt, jedes weitere Wachstum des Tourismus kritiklos zu akzeptieren. Tatsächlich beginnen sich die Empfindlichkeiten der Bergbevölkerung auf überbordende Tourismusentwicklungen zu regen. Fast überall machen sich Abwehrreaktionen bemerkbar. Die Bereisten proben den Aufstand. Die Bergbevölkerung fühlt sich plötzlich nicht mehr so recht Herr im eigenen Hause. Noch machen viele bloß die Faust im Sack, weil sie doch die Quelle ihres Wohlstandes nicht gefährden wollen. Andere möchten, daß es anders wird, und auch etwas dafür tun. Aber sie wissen nicht genau was. Noch ist ungewiß, wie sich die einheimische Bevölkerung schlußendlich entscheiden wird. Selbstbesinnung und Selbstbeschränkung oder weiteres (quantitatives) touristisches Wachstum.

Aber die Hoffnung scheint berechtigt, daß die Zukunft nicht unbedingt eine Fortsetzung der «bedenklichen Geschichte» sein muß. Die einheimische Bevölkerung ist erwacht. Ein Gesinnungswandel gegenüber dem Tourismus zeichnet sich ab. Die Gesprächslage ist offen, das Problembewußtsein hoch. Wie selten zuvor.

4.
Die «Tourismuswachstumsmaschine» – ein einfaches Erklärungsmodell für den großen Zusammenhang

Wir wollen im folgenden versuchen, die Entstehung von Nutzen und Kosten des touristischen Wachstums anhand eines Modells zu erklären. Das Bestreben ist es, die bestimmenden Mechanismen und Gesetzmäßigkeiten der Tourismusentwicklung in möglichst einfacher Weise aufzudecken und die Hauptakteure zu benennen. Damit schaffen wir die Grundlage für eine realistische Beurteilung und legen vor allem die Ansätze für eine Neuorientierung der Politik frei. Die «Tourismuswachstumsmaschine» faßt auch alles bisher Gesagte noch einmal in kürzester Form zusammen.

Ausgangspunkt des Erklärungsmodells ist die Erkenntnis, daß es sich bei der touristischen Entwicklung nicht um einfache Wechselbeziehungen von zwei oder mehreren Faktoren handelt im Sinne von: Hier Ursache – dort Wirkung. Die Wachstumsprozesse sind in Wirklichkeit viel komplizierter. Ein Spiel von zahlreichen unterschiedlichen Kräften, die ineinandergreifen und sich gegenseitig beeinflussen, vergleichbar mit dem Räderwerk einer Maschine. Die Tourismuswachstumsmaschine. Sie beginnt irgendwo mit kleiner Drehzahl auf einem oder zwei Zylindern zu laufen. Langsam überträgt sich ihre Kraft auf andere Maschinenteile, die ihrerseits zu rotieren beginnen, um bald wieder neue Teile in Bewegung zu setzen. Und so weiter und so fort. Bis schließlich die ganze Maschinerie mit allen Motoren auf allen Zylindern und auf vollen Touren läuft. Von außen wird ihr immer wieder neuer Treibstoff zugeführt, was die Gangart weiter anheizt und zu neuen Kettenreaktionen führt. Aber damit nicht genug: die Maschine entfaltet auch eigendynamische Kräfte: Einzelne ihrer Teile können sich gegenseitig beschleunigen und aufschaukeln. Schließlich kommt es bei diesem merkwürdigen Mechanismus sogar vor, daß sich einzelne Teile des Räderwerkes ausklinken und ohne Rücksicht auf die anderen selbständig weiterdrehen. Es leuchtet ein, daß eine solche Maschine nur schwer zu steuern, zu kontrollieren oder gar zu stoppen ist. Es kommt einem das Bild vom Zauberlehrling in den Sinn, der die Geister, die er rief, nicht mehr losswird. Wenn man nichtsdestotrotz herausbekommen will, wo der Hebel anzusetzen wäre, muß man die Funktionsweise der Maschine möglichst genau kennen. Wissen, welches ihre Motoren sind, welches ihr Treibstoff ist, wo sich die Übertragungsriemen verstecken, wie die Zündung funktioniert. Wissen aber auch, welche «Abgase» sie produziert (und nicht nur, welche Nutzen sie stiftet).

Treibstoff der Tourismuswachstumsmaschine – von außen eingefüllt – sind vorweg einmal all jene Faktoren, welche die touristische Nachfrage auslösen und immer größer werden lassen. Man nennt sie auch die fünf **Boomfaktoren** des Tourismus:

- Das Einkommen: Der Schweizer verdiente durchschnittlich im Jahr 1985 real rund 80% mehr als im Jahr 1960, der Deutsche sogar 110% mehr. Wenn man den Wachstumsprognostikern Glauben schenken will, sollen die Einkommen und mit ihnen die Ausgaben für Reisen und Ferien auch in Zukunft weiter ansteigen.

- Die Wohnqualität: Die Bevölkerung in den Städten ist in den letzten Jahrzehnten rapid angewachsen und mit ihr der Wunsch, den immer unwirtlicheren städtischen Lebensverhältnissen zu entfliehen. Der Verstädterungsprozeß soll auch in Zukunft weitergehen.

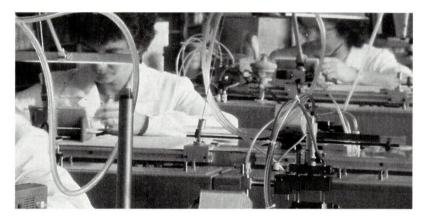

- Die Arbeitsqualität: Massenproduktion, Arbeitsteilung und Rationalisierung haben die Qualität der Arbeit für viele Menschen verringert und den Streß am Arbeitsplatz vergrößert. Und im neuen Zeitalter der Mikroelektronik wird es nicht besser werden. Man hat die Kompensation in der Freizeit und auf Reisen nötiger denn je.

- Die Freizeit: Die Freizeitzunahme – die Abnahme der Arbeitszeit also – drückt sich vor allem in Form eines längeren Wochenendes, längerer Feriendauer und früherer Pensionierung aus. Die Jahresarbeitszeit hat sich von 1950 bis 1985 in der Bundesrepublik Deutschland um 23%, in der Schweiz um 17% verkürzt. Bis ins Jahr 2000 rechnet man in diesen beiden Ländern mit weiteren Arbeitszeitreduktionen von 15 bis 20%.

- Die Motorisierung: Der Siegeszug des privaten Personenwagens hat die auto-mobile Gesellschaft erst eigentlich in Gang gebracht. Auf tausend Einwohner entfielen 1950 in der Schweiz 32 und in der Bundesrepublik Deutschland lediglich 10 Personenwagen. Im Jahre 1985 lagen die entsprechenden Zahlen bereits bei rund 400 respektive 420. Und für das Jahr 2000 sagt man nach vorsichtigen Prognosen 460 respektive 520 Personenwagen je 1000 Einwohner voraus!

Die Tourismusfuturologen sind sich aufgrund dieser Zahlen fast alle einig: Der Freizeit- und Reisetrend marschiert stramm weiter nach vorn. Die Perspektiven seien rosig. Kurzfristige konjunkturelle Rückschläge hin oder her, der Tourismus bleibe eine der vielversprechendsten Wachstumsindustrien.

Das also ist das explosive Gemisch, mit dem der Tourismuswachstumsmaschine eingeheizt wird. Da besteht kaum Gefahr, daß sich der Kessel einmal abkühlt – im Gegenteil.

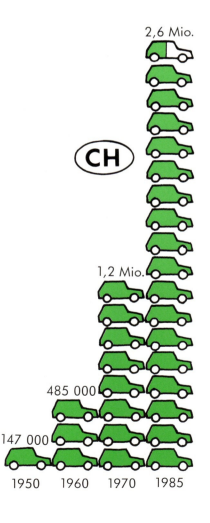

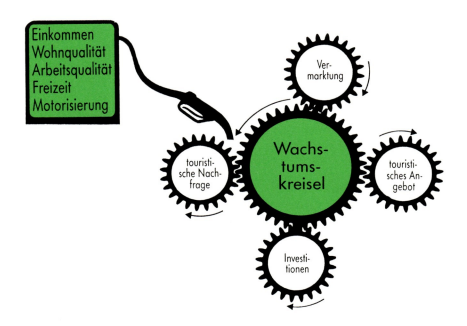

Aber nicht nur von außen, auch von innen wird gehörig Dampf gemacht. Die touristische Nachfrage setzt nämlich einen **Wachstumskreisel** in Bewegung, der als eigentlicher Antriebsmotor der gesamten Entwicklung wirkt. Das Wachstum spielt sich in Form eines sich selbst verstärkenden endlosen Spiralprozesses ab, gekennzeichnet durch eine automatische Überwindung immer neu auftretender Engpässe. Dieser sogenannte «Engpaßüberwindungsautomatismus» funktioniert etwa wie folgt: Die touristische Nachfrage nimmt zu → es entstehen Engpässe bei der Infrastruktur und den touristischen Anlagen (Straßen, Wasserversorgung, Bahnen, Betten usw.) → es wird investiert, das heißt die entsprechenden Anlagen werden erweitert und eine genügende Reserve wird eingebaut → zur besseren Auslastung der Anlagen werden verkaufsfördernde Maßnahmen ergriffen, das touristische Angebot wird vermarktet → die touristische Nachfrage nimmt weiter zu, es erfolgt ein neuer Entwicklungsschub → und schon entstehen wieder neue Engpässe bei der Infrastruktur und den touristischen Anlagen → es sind neue Investitionen und Ausbauten erforderlich → usw. Als Schrittmacher in diesem Aufschaukelungsprozeß gelten vor allem deren drei: der Bau von Infrastrukturanlagen, die Einzonung von Bauland (insbesondere für den Bau von Ferien- und Zweitwohnungen) und der Bau von touristischen Transportanlagen.

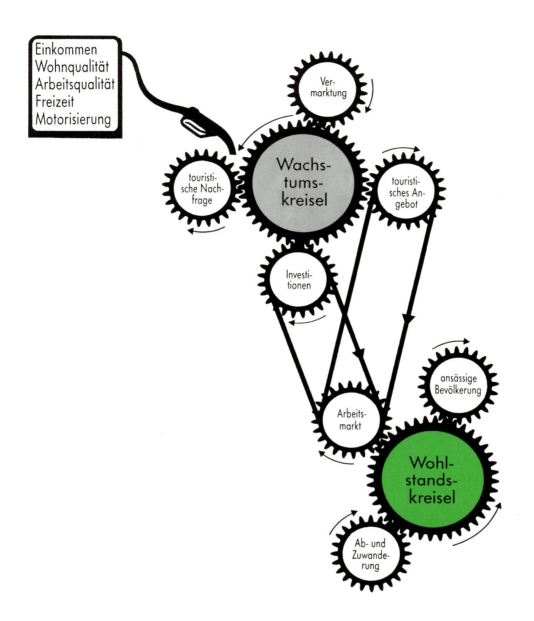

Der Tourismus bringt Arbeitsplätze und Einkommen. Er schafft aber auf dem regionalen und lokalen Arbeitsmarkt auch ganz neue Verhältnisse. Die Landwirtschaft als traditioneller Erwerbszweig wird mehr und mehr abgekoppelt. Am **Wohlstandskreisel** haben vor allem andere Berufsgruppen teil: jene, die sich mit dem Bau und Betrieb von infrastrukturellen und touristischen Anlagen und Einrichtungen beschäftigen. Der Arbeitsmarkt verlagert sich. Entsprechend gerät die Wohnbevölkerung in Bewegung. Die Ausrichtung auf die neue touristische und gewerbliche Wirtschaftsstruktur löst rege Zu- und Abwanderungen aus. Man denke bloß an den ständigen Personalwechsel in den Tourismusunternehmungen. Insgesamt zeigt die Bevölkerung allerdings wachsende Tendenz – der Abwanderungsprozeß ist gestoppt.

Der Tourismus mehrt durch seine Einkommenswirkung auch den bäuerlichen Wohlstand. Die Erwerbsmöglichkeiten im Tourismus sind eine Stütze für die Berglandwirtschaft und ein indirekter Beitrag zur bäuerlichen Landschaftspflege. Der **Landwirtschaftskreisel** hat aber auch andere Folgen: Der wachsende Tourismus führt zu einem immer härteren Konkurrenzkampf um die Produktionsfaktoren Boden und Arbeit. Betroffen wird dadurch vor allem auch die Landwirtschaft. Vom Tourismus und vom Bausektor geht ein starker Nachfragedruck nach Boden und Arbeitskräften aus → der Tourismusort bietet interessantere Arbeitsplätze als die Landwirtschaft → die landwirtschaftlichen Personalprobleme verstärken sich → daraus ergibt sich ein erhöhter Zwang zu vermehrter Rationalisierung und Mechanisierung → diese wiederum bedingen hohe Kapitalkosten → der Anreiz zum touristischen Nebenerwerb wird verstärkt → die Arbeitsbelastung der Bauernfamilien nimmt zu → der Zwang zur Rationalisierung verstärkt sich erneut → die bäuerlichen Kapitalkosten erhöhen sich weiter, wozu auch die steigenden Boden- und Pachtpreise das Ihre beitragen → ob all dieser Zwänge vergrößert sich die Versuchung, Land zu verkaufen.

Der Landwirtschaftskreisel dreht sich auch noch in eine andere Richtung: Weil der Tourismus der Landwirtschaft Böden und Arbeitskräfte entzieht, ist er für die Intensivierung der landwirtschaftlichen

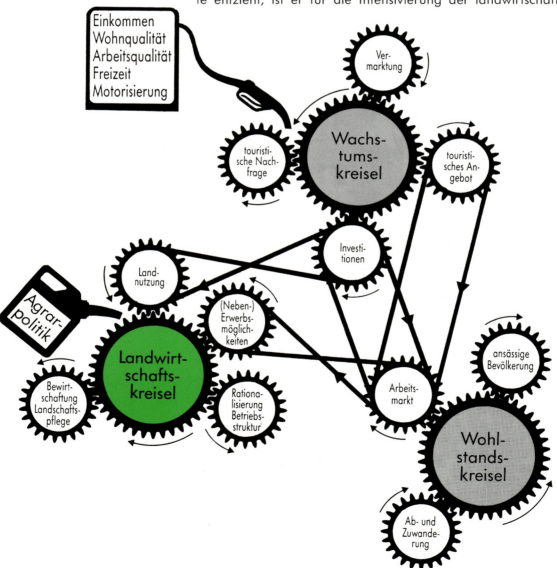

Bewirtschaftungsmethoden mitverantwortlich. Der Verlust von Arbeitskräften und von guten Böden als Bauland zwingen den Bauern, die noch verbleibende Fläche intensiver zu bewirtschaften, wenn er auf einen grünen Zweig kommen will.

Hauptverantwortlich für die problematische Intensivierung der Berglandwirtschaft ist allerdings nicht etwa der Tourismus, sondern unzweifelhaft die offizielle **Agrarpolitik**, die machtvoll in den Landwirtschaftskreisel eingreift. Ihr mit ganzer Kraft und Subventionen verfolgtes Konzept «Einkommensverbesserung durch Produktionsförderung und Preisstützung» führt nicht nur unweigerlich in die Überproduktion, zu den Butter-, Getreide- und anderen Bergen. Sie erzeugt vor allem auch einen starken Druck auf die Berglandwirtschaft, ihre Betriebsstrukturen und Bewirtschaftungsmethoden möglichst schnell anzupassen und ohne Rücksicht auf landschaftliche Verluste zu «intensivieren». Die Möglichkeit eines touristischen Nebenerwerbs hat den auf den Bergbauern lastenden Rationalisierungs- und Anpassungsdruck sogar eher gedämpft, also den landwirtschaftlichen Strukturwandel eher gemäßigt als beschleunigt.

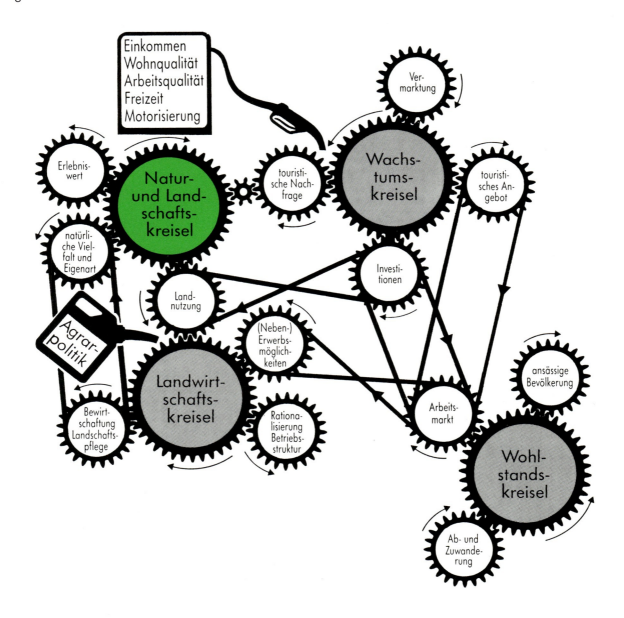

Und damit stecken wir schon mitten in einem weiteren Teil der Tourismuswachstumsmaschine, im **Natur- und Landschaftskreisel.** Neben den eben beschriebenen indirekten Wirkungen (über die Land- und Forstwirtschaft) hat die touristische Entwicklung auch direkte Folgen für die Landschaft, die überwiegend als Belastung einzustufen sind. Denn: Tourismus ist immer Landschaftskonsum. Landschaft wird dabei nicht nur gebraucht, sondern auch verbraucht. Der Bau von Hotels, Ferien- und Zweitwohnungen, Transportanlagen und Infrastruktureinrichtungen frißt Landschaft und verändert ihr Gesicht. Aber auch für den Naturhaushalt selbst kann der Tourismus belastend sein. Für Tiere und Pflanzen, für Wasser und Luft. Wenn alle diese Belastungen zu groß, wenn die Grenzen der Belastbarkeit überschritten werden, verliert die Landschaft ihren Erholungs- und Erlebniswert. Die Touristen wandern ab und wenden sich neuen Zielen zu. Daher das böse, aber im Grunde wahre Wort: Tourismus zerstört Tourismus. «Erst geht die Kuh, dann der Gast, wen soll man da noch melken?» (Horst Stern)

Der letzte, aber beileibe nicht unwichtigste Bestandteil im Räderwerk der Tourismuswachstumsmaschine ist der **Kulturkreisel.** Er bringt den Wandel in der einheimischen Kultur zum Ausdruck, der von den allgemeinen gesellschaftlichen Veränderungen und von der touristischen Entwicklung ausgelöst wird. Alle anderen Kreisel haben ihre kulturellen Auswirkungen: Die Touristen mit ihren ungewohnten Ansprüchen und Verhaltensweisen, der verkaufte Boden, die Steigerung der Bodenpreise, die mit auswärtiger Kapital- und Befehlsgewalt getätigten Investitionen, die geschlossenen Fensterläden, die zunehmende Zahl der Zuzüger und auswärtigen Arbeitskräfte, die geschwächte Position der Landwirtschaft – all das sind Fremdeinflüsse, die von vielen Einheimischen auch als solche empfunden werden. Man kann es auch Heimatverlust nennen. Was vor allem belastet, ist die Einbuße an Eigenständigkeit und Selbstbestimmung. Es können gar Gefühle der Machtlosigkeit, der Ohnmacht aufkommen. Entweder reagiert die lokale Gemeinschaft auf diese «Bedrohung von außen», indem sie sich auf sich selbst besinnt, zu einem neuen Selbstbewußtsein und -verständnis findet und in dieser Weise gestärkt aus dem «Kampf» hervorgeht. Tourismus als Katalysator einer positiven kulturellen Entwicklung. Oder das Gegenstück: Die Einheimischen setzen nichts dagegen, lassen sich treiben und wandern im Extremfall resignierend aus ihrem eigenen Ort ab.

Die Tourismuswachstumsmaschine hat sicher folgendes klar gemacht: Erst diese vernetzte Art der Betrachtung, das Bild der ineinandergreifenden Einflüsse und Kreisel, macht die Chancen, aber auch die Gefahren sichtbar, die im touristischen Wachstumsprozeß stecken. Sie läßt uns aber vor allem auch erkennen, wo eine Steuerung des Systems ansetzen könnte und wie sie sich etwa auswirken würde.

Die Tourismuswachstumsmaschine

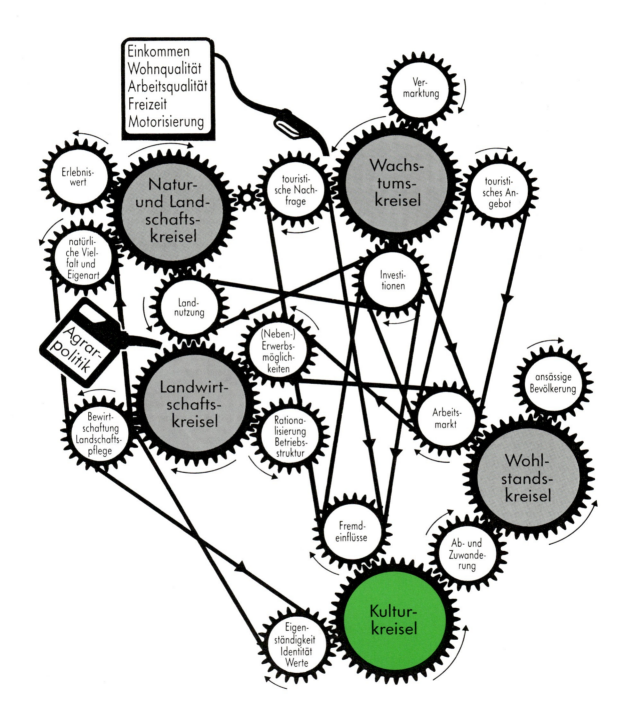

5.
Welche Zukunft wollen wir? – Verschiedene Bilder zum Ausmalen

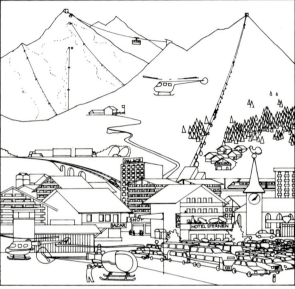

Was wir wollen, ist nicht die wahrscheinliche Zukunft erraten, aber die wünschbare Zukunft vorbereiten und vielleicht sogar weitergehen und versuchen, die wünschbare Zukunft wahrscheinlich zu machen (Jacques de Bourbon-Busset).
Es ist nicht so, wie es die Abfolge unserer Entwicklungsgeschichte und unser Bild von der Tourismuswachstumsmaschine vielleicht vermuten lassen: Die weiteren wirtschaftlichen und gesellschaftlichen Entwicklungen – im Berggebiet wie anderswo – sind keineswegs vorausbestimmte Ereignisfolgen, die sozusagen naturgesetzlich und schicksalhaft ablaufen und unabänderlich früher oder später zu einer bestimmten Zukunft führen. Es gibt mehrere mögliche Zukünfte. Was eintreten wird, hängt einmal von äußeren Bedingungen ab. Von der allgemeinen wirtschaftlichen Entwicklung, von Veränderungen der touristischen Nachfrage, von der Agrarpolitik zum Beispiel. Einen womöglich noch größeren Einfluß auf die Zukunft aber haben die betroffenen Menschen selbst: So kommt es sehr stark darauf an, welche lokalen Entscheidungen eine Tourismusgemeinde trifft, wie sie auf die äußeren Bedingungen reagiert, ob sie sich passiv verhält oder aktiv ihr Schicksal in die eigenen Hände nimmt. Weil viele Entwicklungen steuerbar sind, ist die Zukunft über weite Teile gestaltbar. Sie wird das sein, was wir aus ihr machen.
Sind wir uns dieser Gestaltungsmöglichkeiten bewußt, müssen wir uns als erstes fragen: Welche Zukunft wünschen wir uns eigentlich? Die Tourismusgemeinde muß die Probleme von heute aus der Perspektive des Jahres 2000 betrachten. Sie muß sich heute dafür entscheiden, welche Zukunft sie will, und dann alle Anstrengungen darauf ausrichten, diese wünschbare Zukunft in die Wirklichkeit umzusetzen.

Um den Weg zu diesen schwierigen Entscheidungen freizulegen, haben die MAB-Forscher zwei Dinge getan: Erstens formulierten sie allgemeine Zielsetzungen. Sie geben die grobe Richtung der einzuschlagenden Politik an. Zweitens zeichneten und berechneten sie am Beispiel der Testorte mehrere unterschiedliche Entwicklungsbilder. Sie sollen es den Betroffenen erleichtern, sich verschiedene Zukunftsvarianten vorzustellen.

Die allgemeine Zielsetzung:

Sie lautet ebenso einfach wie abstrakt: «Langfristige Sicherung unserer Berggebiete als Lebens-, Wirtschafts-, Erholungs- und Naturraum».

Die Zusammenhänge sind einleuchtend: Ein Lebensraum, der nicht auch Wirtschaftsraum ist, ist tot. Ein Erholungsraum, der nicht auch Lebens- und Wirtschaftsraum ist, ist steril. Ein Wirtschaftsraum, der nicht auch Lebensraum ist, gefährdet die Umwelt und die Ressourcen. Also muß es darum gehen, die sich ergänzenden Funktionen Leben, Wirtschaften, Erholen aufeinander abzustimmen und in Einklang mit der Natur zu bringen. Das hat so zu geschehen, daß

- das natürliche Produktionspotential in Form der verschiedenen Ressourcen (landwirtschaftliche Produktionsfläche, Wald, Wasser und so weiter) langfristig gesichert werden kann
- eine aktive Bevölkerung erhalten bleibt, die bereit und in der Lage ist, diese Ressourcen zu nutzen
- eine angemessene Umweltqualität (natürliches, soziales und kulturelles Milieu) für diese Bevölkerung und den Erholungssuchenden langfristig gewährleistet bleibt.

Ebenso unbestritten wie diese folgerichtigen Forderungen ist auch die Tatsache, daß sich das anzustrebende Gleichgewicht in der Praxis keineswegs von selbst einstellt. Im Gegenteil: Anstatt sich ihm anzunähern, entfernt man sich in Wirklichkeit mehr und mehr davon. Wir haben es in unserem Bericht immer und immer wieder gesehen: Zu eigennützig, zu verschieden, zu extrem und zu widersprüchlich sind die Ansprüche, die an den Bergraum gestellt werden. Von selbst werden sie sich nie und nimmer zu einem harmonischen Ganzen fügen, geschweige denn auf die Interessen künftiger Generationen Rücksicht nehmen. An eine Selbstregulierung über das freie Spiel der Marktkräfte zu glauben wäre nicht nur naiv, sondern auch gefährlich. Jedermann wird einsehen müssen, daß es einer bewußten Steuerung der Entwicklung durch die Berggemeinden bedarf. Aber wo soll sie ansetzen, und wohin soll die Reise schlußendlich führen?

Die Zukunftsbilder (Szenarien)

Damit die Betroffenen besser herausfinden können, was sie selber wollen und was sie nicht wollen, und auch, was sie tun können, haben die MAB-Forscher verschiedene Entwicklungsbilder – sogenannte Szenarien – gezeichnet. Sie stehen für die Entscheidungsträger gewissermaßen zur Auswahl. Es sind nicht Prognosen, welche die Wahrscheinlichkeit zukünftiger Ereignisse voraussagen. Es werden vielmehr verschiedene mögliche Zukunftsentwicklungen beschrieben, die unter bestimmten Bedingungen eintreten könnten, ohne daß man sich darüber ausläßt, welches nun die wahrscheinlichste Zukunft sein wird.

Wir wollen hier in Stichworten die für **Grindelwald** gezeichneten Zukunftsbilder zusammenfassen. Weil die Entwicklungsmuster in den verschiedenen Orten und Gebieten doch sehr ähnlich aussehen, sind die gewonnenen Erkenntnisse weit über den Einzelfall hinaus von Interesse. Sie sind weniger als Prognose für Grindelwald zu verstehen denn als Demonstration der gemeinten Art und Weise des Zukunftsdenkens. Eine letzte Vorbemerkung noch: Die Szenarien der MAB-Forscher stellen nicht bloß heitere Gedankenspiele dar, sondern sie beruhen auf seriösen wissenschaftlichen Erhebungen. Im Computer wurden mit einer Vielzahl von Daten verschiedene Entwicklungsverläufe bis zum Jahr 2000 simuliert. Was sich nicht in Zahlen ausdrücken läßt, blieb dabei allerdings unberücksichtigt.

Szenario 1: «Quantitatives Wachstum»

Ziele/Annahmen:

- *Die bisherige Wachstumspolitik wird fortgesetzt, das heißt: weitere hohe Ausschöpfung der touristischen Nachfrage zur Steigerung des wirtschaftlichen Wohlstandes.*
- *Die Haltung der Entscheidungsträger (Gemeinde, Unternehmungen, Private) verändert sich nicht wesentlich.*
- *Der touristische Zustrom (Übernachtungen) wächst von 1980 bis zum Jahr 2000 um 75%, das heißt bis 1990 Wachstumsraten wie bisher (ca. 4% jährlich), nachher leicht abflachend.*

Ergebnisse:

Es sind von 1980 bis zum Jahr 2000 folgende Zunahmen zu erwarten:
- *Gastbetten von 9 800 auf 16 500.*
- *Tagesgäste an Spitzentagen von 10 000 auf 18 500.*
- *Gesamtzahl der Gäste zu Spitzenzeiten von rund 20 000 auf 35 000.*
- *Ortsansässige Bevölkerung von 3 550 auf 3 750.*
- *Arbeitsplätze +10%.*
- *Bruttosozialprodukt +50%, das heißt, der Grindelwaldner kann sich durchschnittlich im Jahr 2000 noch einmal die Hälfte mehr leisten als heute.*

Ohne besonderes Entwicklungskonzept wird das touristische Wachstum einerseits zu Verdichtungen und Kapazitätsausweitungen bestehender Einrichtungen und andererseits zu Neuerschließungen führen. Um die besonderen Konsequenzen zu verdeutlichen, werden diese beiden Varianten des Szenarios 1 getrennt beschrieben.

Szenario 1a: «Quantitatives Wachstum – Die landschaftsschonende Konzentrationsvariante»

Teilziel/Annahmen:

Das quantitative wirtschaftliche Wachstum ermöglichen und die auftretenden ökologischen Belastungen zum Schutze von Natur und Landwirtschaft lokal begrenzen. Die geschätzte Kapazitätsausweitung von 75% erfolgt vor allem im Bereich der bereits bebauten Flächen durch Erhöhung der Geschoßzahlen und der Bebauungsdichte. Die Förderleistung der Transportanlagen wird auf den bestehenden Trassees vergrößert.

Ergebnisse/Probleme:

- *Die bebaute Fläche ininnerhalb der Bauzone vergrößert sich um 40%.*
- *Die Arbeitsplätze im Hoch- und Tiefbau nehmen um 50%, im übrigen Baugewerbe um 100% zu.*
- *Der Flächendruck bewirkt eine Verknappung des Bodens und hohe Bodenpreissteigerungen.*
- *Wohn- und Landwirtschaftsgebäude werden aus dem Ortskern verdrängt.*
- *Der Bau von eigenen Wohnhäusern wird für viele Grindelwaldner nicht mehr erschwinglich.*
- *Die Kapitalkonzentration nimmt zu, das heißt auch: mehr Fremdkapital, Rückgang mittelständischer einheimischer Investoren gegenüber ortsfremden Großinvestoren (z.B. Hotellerie: Verdoppelung des Anteils auswärtiger Kapitalanleger, Einheimische nur +25%).*
- *Die Großanlagen ermöglichen weitgehende Rationalisierungen. Die Arbeitsplätze nehmen deshalb nicht im Maße des Wachstums zu.*
- *Es werden hohe Einkommen erzielt, die aber «schief» verteilt sind.*
- *Es herrscht Mangel an tourismusunabhängigen Arbeitsplätzen, und die Abhängigkeit vom Wachstum und vom Tourismus nimmt zu.*
- *Die starke Konzentration der Touristen führt zu Hektik und Streß für die Ortsansässigen und auf die Dauer zu einem Ansteigen entsprechender Krankheitssymptome.*
- *Die Tendenz zum Kurzurlaub und zum Tagestourismus steigt an, da sich der Ort auf schnelle Erreichbarkeit und schnellen Konsum ausrichtet.*
- *Der auf Ruhe und Naturnähe bedachte Touristentyp wird abgeschreckt.*

Szenario 1b: «Quantitatives Wachstum – Die landschaftsfressende Ausuferungsvariante»

Teilziel/Annahmen:

Das quantitative wirtschaftliche Wachstum ermöglichen, den Flächendruck und die touristischen Nutzungsdichten jedoch reduzieren. Das 75%-Wachstum der touristischen Kapazitäten erfolgt nicht durch Erweiterungen, sondern in erster Linie durch Neuerschließungen.

Ergebnisse/Probleme:

- *Die bebaute Fläche innerhalb der Bauzone vergrößert sich um 61% (Bauzone zu 80% bebaut gegenüber 60% heute).*
- *Die Arbeitsplätze im Bausektor wachsen wie bei Variante 1a.*
- *Der Anstieg der Bodenpreise bewegt sich eher im Bereich des «Normalen», weil in der Bauzone rund 20 Hektaren mehr Fläche überbaut werden als bei der Konzentrationsvariante.*
- *Die Skipistenfläche verdoppelt sich, neue Skigebiete werden erschlossen.*
- *Die Chancen auch für einheimische Klein- und Mittelunternehmer sind eher größer, da die Kapitalkonzentration nicht so ausgeprägt ist.*
- *Der Rationalisierungsdruck ist etwas geringer. Es entstehen auch eher mehr Arbeitsplätze im Tourismusbereich, jedoch mit geringen beruflichen Qualifikationen.*
- *Die Einkommensverteilung ist eher günstiger.*
- *Der Mangel an tourismusunabhängigen Arbeitsplätzen sowie die Abhängigkeit vom Wachstum und vom Tourismus bleiben bestehen.*
- *Der Streß für die Einheimischen ist weniger groß.*

Szenario 1a: «Quantitatives Wachstum – Die landschaftsschonende Konzentrationsvariante»

- *Die Auslastung in der Sommersaison sinkt, weil die für den Winter notwendigen Anlagen und Bauaufwendungen vom Gast als störend empfunden werden.*
- *Die Verdichtungen auf den Wanderwegen und den Skipisten sind an der Grenze des Zumutbaren.*
- *Es tritt kein Verkehrs-Kollaps ein, aber es gibt große Engpässe in Spitzenzeiten und allgemein hohe Verkehrsbelastung während der Saison.*
- *Die Landwirtschaft wird intensiviert, 85 Klein- und Mittelbetriebe fallen weg, dafür entstehen 24 größere Betriebe.*
- *Das traditionelle Orts- und Landschaftsbild wird entwertet. Baustil in städtischer Modernität.*
- *Die Tier- und Pflanzenwelt wird gestört durch Ausbrechen der Skifahrer aus den überlasteten Pisten. Die Ertragsausfälle der Landwirtschaft unter Skipisten erhöhen sich der intensiveren Nutzung wegen.*
- *Die Wasserknappheit nimmt zu. Bereits heute liegt bei 100prozentiger Belegung der Wasserbedarf über der Ausschüttung der erschlossenen Quellen. Es müssen aufwendige Reservoire oder Pumpwerke gebaut werden.*
- *Die Luftbelastung durch Schadstoffe nimmt zu.*

<u>Fazit:</u> *Der relative Schutz der Umwelt muß bezahlt werden durch höhere Belastungen und Gefährdungen im wirtschaftlichen, sozialen und kulturellen Bereich. Aber auch das Ziel, die natürliche Umwelt durch eine Begrenzung der für den Tourismus zur Verfügung gestellten Flächen zu schonen, erweist sich als nicht erreichbar.*

Szenario 1b: «Quantitatives Wachstum – Die landschaftsfressende Ausuferungsvariante»

- *Zur Entlastung des Ortskernes und zur Verbindung der Liftanlagen wird das Verkehrsnetz erweitert und eine Umfahrungsstraße angelegt. Die Entlastung tritt jedoch nicht ein, da der interne Verkehr zunimmt.*
- *Der Mangel an landwirtschaftlicher Fläche in zentraler Tallage erhöht sich, weil mehr überbaut wird. Die Tendenz zum Großbetrieb wird verstärkt.*
- *Die Landschaftsverschandelung ist größer. Sie wird von den vielen Naturliebhabern – vor allem unter den Sommergästen – als besonders schmerzlich empfunden.*
- *Die Neuerschließungen – vor allem auch das neue Skigebiet – berühren bislang gering genutzte Gebiete. Sie stellen für die Pflanzen- und Tierwelt eine hohe Belastung dar.*
- *Wasserknappheit wie bei Variante 1a.*
- *Zunahme der Luftbelastung insgesamt wie bei Variante 1a.*

<u>Fazit:</u> *Im Vergleich zur Konzentrationsvariante ist eine sozial etwas ausgewogenere Entwicklung möglich. Der Preis dafür ist allerdings eine deutlich höhere Belastung des Naturhaushaltes und eine größere Entwertung des traditionellen Landschaftsbildes.*

Gesamtbeurteilung des Szenarios 1
«Quantitatives Wachstum»

Sicher sind die hier zusammengefaßten Ergebnisse der Computerberechnungen mit vielen Unsicherheiten behaftet. Einiges läßt sich aber doch insgesamt folgern: Das ungezügelte, rein touristisch orientierte Wachstum bringt sozio-kulturell und ökologisch bedenkliche Erscheinungen hervor. Eine ungleichgewichtige Entwicklung der Region ist die Folge. In beiden Varianten ergeben sich kaum Chancen zur Überwindung der einseitigen, allein auf Tourismus ausgerichteten Wirtschaftsstruktur. Der Bausektor wird noch größer und damit mehr denn je darauf angewiesen sein, jährliche Bauaufträge von beträchtlichem Umfang zu erhalten. Der Sachzwang zum Überleben durch weiteres Wachstum wird sich allerseits erhöhen. Sollten sich die Freizeitgewohnheiten tiefgreifend verändern oder gar eine Weltwirtschaftskrise eintreten, wird die Region noch verletzlicher sein, als sie es heute bereits ist. Andererseits ist es auch durchaus vorstellbar, daß der Touristenstrom noch mit höheren Raten anschwillt, als im Szenario angenommen wurde. Der Flächenverbrauch wäre dann bis zum Jahre 2000 noch größer und die diskutierten negativen Auswirkungen würden sich noch einmal verstärken.

***

Was liegt in dieser Situation näher, als nach einem anderen Konzept Ausschau zu halten, in dem eine «Wachstumsbremse» eingebaut ist? Es scheint doch, daß es nur so gelingen kann, eine harmonischere Entwicklung herbeizuführen. Die öffentliche Bereitschaft für eine Verlangsamung des bisherigen Entwicklungstempos ist groß. *Auch in Grindelwald. 92% der Grindelwaldner Bürger befürchten nachteilige Auswirkungen bei einem weiteren Ausbau des Tourismus. Sie wollen von einem ständigen Wachstum der Siedlung und der Infrastruktur wegkommen. Das ist aber leichter gefordert als verwirklicht.*
Um zu zeigen, welche Spuren eine Vollbremsung des Wachstums hinterlassen würde, haben die MAB-Forscher für **Grindelwald** *ein zweites, extremes Entwicklungsbild skizziert.*

Szenario 2: «Nullwachstum»

Ziele/Annahmen:

- *Stillstand des Wachstums bei rückläufigen Übernachtungs- und Verpflegungspreisen und leicht sinkendem Lohnniveau.*
- *Das bisher Erreichte soll erhalten und durch Verzicht auf weiteren Ausbau (keine neuen Straßen, Parkplätze, Hotels, Chalets, Transportanlagen) die Umwelt geschont werden = freiwilliges Nullwachstum.*
- *Der touristische Zustrom (Übernachtungen) nimmt von 1980 bis 1990 noch um 1% jährlich zu; von 1990 bis 2000 keine Zunahme mehr = unfreiwilliges Nullwachstum.*

Ergebnisse/Probleme:

- *Die bebaute Fläche vergrößert sich kaum. Im Jahre 2000 sind erst 62% der Bauzone bebaut gegenüber 60% heute.*
- *In der Baubranche fällt das in Auftrag gegebene Bauvolumen bis 1992 nur leicht, die Anpassung verläuft relativ problemlos. Nachher aber ist der Einbruch dramatisch: Das Volumen geht auf 1/5 des Ausgangswertes zurück (Anteil Erhaltungsinvestitionen).*
- *Die Beschäftigtenzahl im Bausektor schrumpft bis im Jahr 2000 auf 1/3: Von den über 300 Beschäftigten (10% aller Arbeitsplätze in Grindelwald) gehen rund 200 verloren. Der Hoch- und Tiefbau ist besonders stark betroffen.*
- *Viele Teilzeit- und Vollerwerbshandwerker sind Landwirte. Ihre Betriebe geraten in Existenznot, weil sich die nichtlandwirtschaftlichen Einkommen reduzieren.*
- *Weil Bauarbeiter nach auswärts abwandern oder arbeitslos sind, ist auch ein Nachfragerückgang im übrigen Gewerbe spürbar.*
- *Durch die Reduktion des Bausektors werden besonders die interessanten Arbeitsmöglichkeiten am Ort eingeschränkt.*
- *In den touristischen Dienstleistungsberufen arbeiten mehr Neuzugezogene und Saisonniers als Einheimische. Der Anteil an Selbständigen wird kleiner.*
- *Die Auslastung in der Hotellerie verschlechtert sich, der leichte Preisverfall beeinträchtigt die Gewinnsituation stark. Zur Entlastung werden 10% der Angestellten abgebaut.*
- *Insgesamt gibt es in Grindelwald im Jahr 2000 264 Arbeitsplätze weniger als im Wachstumsfall.*
- *Weil die Endnachfrage von allen Seiten gedämpft wird, steht das Wachstum nicht nur still, sondern geht in einen absoluten Rückgang über.*

Die Modellrechnungen decken auf: Das oft leichtfertig in den Mund genommene Schlagwort vom Nullwachstum ist im konkreten Fall mit schwerwiegenden negativen wirtschaftlichen und sozialen Folgen verbunden. Allerdings ist das gezeichnete Entwicklungsbild sehr theoretisch. In Wirklichkeit müßte man doch wohl damit rechnen, daß kaum jemand dem eigenen Ruin einfach tatenlos zusieht. Viel eher wird man alles in die Wege leiten, um eine solche Entwicklung zu verhindern. Das Szenario des freiwillig eingegangenen Null-

wachstums ist damit vom Tisch, weil es politisch ganz einfach unrealistisch ist. Aber ein Nullwachstum könnte ja auch unfreiwillig eintreten, dann nämlich, wenn marktbedingt der touristische Zustrom für mehrere Jahre nicht weiter anwachsen würde. In diesem Fall würde wahrscheinlich die der Marktwirtschaft eigene unternehmerische Dynamik zu verhindern wissen, daß die Entwicklung einfach langsam in sich zusammenfällt. Da wäre etwa folgendes zu erwarten:

- Es bricht ein erbarmungsloser Kampf um den nicht mehr größer werdenden Kuchen, um den verbleibenden Touristen aus.
- In diesem Verdrängungswettbewerb versucht jeder mit allen Mitteln die Touristen auf sich zu ziehen. Die Schaffung neuer Attraktionen, bauliche Erweiterungen, sogar die Erstellung besserer Zubringer und Parkplätze sind nicht ausgeschlossen. Alles wird getan, um die eigene Situation zu verbessern.
- Trotz touristischen Stillstands erhält der Bausektor Aufträge.
- In diesem Konkurrenzkampf stehen die großen Unternehmungen besser da. Sie haben einen längeren finanziellen Atem, größere Verkaufskraft und mehr Rationalisierungsmöglichkeiten. Die Klein- und Mittelbetriebe werden niedergerungen.
- Die Unternehmungskonzentration nimmt zu.
- Es werden Überkapazitäten angelegt, weil man damit rechnet, die Gäste des ruinierten Konkurrenten übernehmen zu können; aus dem Verdrängungswettbewerb ergibt sich letztlich wieder Wachstum.
- Der Ort verliert an wirtschaftlicher Eigenständigkeit.
- Die «soziale Konkurrenz» wächst: Neid, Mißgunst, Klan-Bildung nehmen zu.

Gesamtbeurteilung des Szenarios 2
«Nullwachstum»

Eine stark verlangsamte oder stillstehende Entwicklung der touristischen Nachfrage – ob sie nun freiwillig oder unfreiwillig eintritt – führt in einem Ort mit stark tourismusabhängiger Wirtschaft zu tiefgreifenden und sicher unerwünschten Veränderungen in der Wirtschafts- und Gesellschaftsstruktur. Der einzige Vorteil: Die Natur wird geschont, weil der Flächendruck gering ist. Aber was nützt Naturschutz, wenn die Menschen darob keine Bleibe mehr haben?

***

An dieser Stelle ist zu fragen: Gibt es wirklich nur diese beiden Zukunftsmöglichkeiten mit ihren zahllosen unliebsamen Folgen? Gibt es nur dieses Entweder-Oder? Entweder das ungesteuerte oder dann das gestoppte quantitative touristische Wachstum? Läßt sich nicht ein alternatives Konzept finden? An ein solches müßten aufgrund der Lehren aus den Szenarien 1 und 2 drei Anforderungen geknüpft werden:

1. Das quantitative touristische Wachstum ist zu begrenzen.
2. Es ist aufzuzeigen, wie eine sozial verträgliche «Schrumpfung» des Bausektors vor sich gehen kann.
3. Es muß verhindert werden, daß auf dem schmaler gewordenen Terrain Kämpfe ausbrechen, wo nur der wirtschaftlich Stärkere Sieger bleibt.

Als möglicher Lösungsweg bietet sich das Konzept des «qualitativen Wachstums» an. Es scheint sich dabei um eine Art «magische Formel» zu handeln, die in den allgemeinen Diskussionen um Wirtschaft und Umwelt am häufigsten zitiert wird und am meisten Stimmen auf sich vereinigt. Allerdings wird fast immer versäumt zu sagen, was darunter ganz konkret zu verstehen ist.
So soll denn im letzten Teil unserer Broschüre das Konzept des qualitativen Wachstums beschrieben und mit Inhalt gefüllt werden.

6.
Die sanfte Wende:
Das Szenario «Qualitatives Wachstum»

Ausgangspunkt:
Die Symbiose Tourismus/Landwirtschaft als zukunftsversprechendes Leitbild

Alle im folgenden dargestellten Ziele, Strategien und Maßnahmen für eine angepaßte Tourismusentwicklung gehen davon aus, daß ein Miteinander von Landwirtschaft und Tourismus ein auch zukünftig sinnvolles Entwicklungsmuster für das Berggebiet darstellt. Die MAB-Untersuchungen haben bestätigt, was man seit langem weiß: Die Erhaltung des Berggebietes als Lebens- und Wirtschaftsraum ist nur mit Tourismus, niemals ohne Tourismus möglich. Die da und dort erhobene Forderung, den Tourismus aufzugeben und es anders zu versuchen, ist wirklichkeitsfern. Eine auch nur annähernd vollwertige Alternative zum Tourismus gibt es für die Alpen nicht.

Die Berglandwirtschaft kämpft mit schweren Handicaps. Auf sich allein gestellt, bietet sie den Bergbewohnern keine ausreichende Existenzgrundlage. Für eine Ansiedlung von Industrie- und Gewerbebetrieben in größerem Ausmaß sind die Standortbedingungen zu ungünstig. Wenn das Berggebiet überleben will, ist es darauf angewiesen, die beiden einzigen Rohstoffe, über die es verfügt, zu nutzen: das Wasser für die Energiegewinnung und die intakte Landschaft für die Erholung. Es muß also seine natürlichen Reichtümer «kapitalisieren». Aber diese Ressourcen müssen auch für künftige Generationen ergiebig bleiben. Sie dürfen deshalb nicht bedenkenlos abgebaut werden. Also lautet die Kernfrage: Wie kann es gelingen, diese Güter wirkungsvoll zu schützen und gleichzeitig einträglich zu nutzen? Gerade auch aus dieser Sicht erscheint die Symbiose Landwirtschaft/Tourismus als besonders sinnvoll. Die Zukunftschancen dieser Kombination stehen gut: Daß der Tourismus einmal ganz ausbliebe, wird von keinem Experten vorausgesagt. Ebensowenig ist allerdings eine weitere Ausdehnung der touristischen Nachfrage nach bisherigem Muster zu erwarten. Vielleicht werden wir morgen zwar wesentlich mehr Freizeit als heute haben. Aber es ist durchaus möglich, daß die Einkommen zurückbleiben. Das hieße dann: Mehr Zeit, aber weniger Geld, auch fürs Reisen. Oder: Könnte es nicht sein, daß morgen viele der zahlreicher gewordenen älteren Menschen dem mechanisierten alpinen Wintersport den Rücken kehren? Welche Kapriolen und Trends im Tourismus noch möglich sein werden, ist kaum voraussehbar. Aber eines scheint festzustehen: Reisen wird man morgen immer noch, wenn auch anders.

Auch die Berglandwirtschaft als zweites Bein hat Zukunft. Niemand rechnet damit, daß man die Landbewirtschaftung in den Alpen plötzlich aufgeben würde. Im Gegenteil. Das Interesse an einer funktionierenden Berglandwirtschaft steigt. Immer mehr Menschen sehen ein, wie wichtig ihr Beitrag zum freiheitlichen Staatswesen Schweiz, zur Besiedlung des Berggebietes und zur Erhaltung der Kulturlandschaft ist. Die Überzeugung greift Platz, daß alles getan werden muß, um sie zu erhalten und zu stärken. Der Steuerzahler und auch der Konsument sind bereit, den Preis dafür zu bezahlen. Die Symbiose Landwirtschaft/Tourismus kann also durchaus als Herzstück eines zukunftsversprechenden Leitbildes für das Berggebiet angesehen werden. Wenn man erreichen will, daß aus dem engen Zusammenleben dieser beiden Wirtschaftsformen ein größtmöglicher gegenseitiger Nutzen entsteht, braucht es aber eine Landwirtschaftspolitik und vor allem eine Tourismuspolitik mit einem neuen Gesicht.

Was heißt «qualitatives Wachstum»?

Die Wissenschafter umschreiben qualitatives Wachstum etwas umständlich als jede Zunahme der Lebensqualität (das heißt: des wirtschaftlichen Wohlstandes und des subjektiven Wohlbefindens), die mit geringerem Einsatz an nicht vermehrbaren Ressourcen sowie abnehmenden Belastungen der Umwelt und der Menschen erzielt wird. Auf den Tourismus bezogen bedeutet das: Suche nach einer möglichst günstigen Zusammensetzung wichtiger touristischer Bestandteile im Ort, bei der die Belastung des Naturhaushaltes erträglich bleibt, das wirtschaftliche Einkommen gesichert wird und bei der gleichzeitig möglichst geringe soziale Spannungen und kulturelle Überfremdungen entstehen. Oder einfacher: Die Nutzen des Tourismus vergrößern, seine Gefahren verringern, den Saldo für alle Beteiligten – einschließlich der Natur – verbessern. Demgegenüber bedeutet «quantitatives Wachstum» die bloße zahlenmäßige Vergrößerung des Tourismusvolumens ohne Berücksichtigung der Folgeprobleme.
Um zu zeigen, was das konkret bedeuten könnte, haben die MAB-Forscher für **Grindelwald** ein qualitatives touristisches Ausbaukonzept skizziert. Das Beispiel steht wiederum für viele andere da: Zahlreiche Inhalte sind ohne weiteres auf andere Orte übertragbar.

Szenario 3: «Qualitatives Wachstum»

Ziele / Annahmen:

- Es wird eine sozial ausgewogenere und ökologisch angepaßtere Entwicklung angestrebt: Die Belastungen des Naturhaushaltes sollen reduziert, der Kulturraum erhalten und der Wirtschaftsraum gesichert werden.
- Die touristische Nachfrage wächst ungefähr wie bisher weiter. Es herrscht wirtschaftliche Prosperität.

Teilziele / Maßnahmen:

1. *Verbreiterung der touristischen Angebotsstruktur* (zur Reduktion der Konjunktur- und Modeabhängigkeit des Tourismus)

- Die Einrichtungen des herkömmlichen Tourismus wie Großhotels, Sportzentren, Geschäftsstraßen sollen nach wie vor im Angebot vertreten sein. Sie sind aber auf den Ortskern zu beschränken.
- Stärkere Förderung eines Sommertourismus, der sich für das bäuerlich-kulturelle Milieu des Ortes interessiert. Die für ihn geschaffene besondere Infrastruktur gehört an den Dorfrand. Die ländliche Gaststätte, der kleine Laden.
- Förderung neuer angepaßter Tourismusformen, z.B. Angebot von Bauernhof-Ferien, Ansprechen des ökologisch bewußten Touristen zur Belegung der einfach ausgestatteten einheimischen Parahotellerie, Zusammenarbeit mit alternativen Reiseveranstaltern, Einrichten eines ökologischen Lehrpfades, eines Literatur-Kiosks usw.
- Zum Ausgleich der Interessen zwischen Landschaftsschutz und Tourismuswirtschaft ist eine «weiche» Erschließung eines letzten neuen Ski- und Wandergebietes denkbar. Die dafür in Frage kommende Alp («Bußalp») eignet sich unter ökologischen Gesichtspunkten, weil sie landwirtschaftlich intensiv genutzt wird und die Böden deshalb stabiler und belastbar sind. Es sind strenge Auflagen zu beachten:
keine Geländeplanierungen, Begrenzung der Skiliftzahl, naturnahe Loipen, keine Massenrestauration, landschaftlich angepaßter, unaufdringlicher Baustil usw.

2. *Mengenbegrenzung der touristischen Gesamtzahl – insbesondere des Tagestourismus* (zur Vermeidung der Überflutung des Ortes)

- Begrenzung des Ausflugverkehrs durch eine bewußte Engpaßpolitik im Zubringerverkehr und im Parkierungsangebot sowie durch eine besondere Tarifpolitik der Sportbahnen.
- Keine Erweiterungen von Liftkapazitäten (auch nicht im Rahmen von Erneuerungsinvestitionen), Neuerschließungen sind ausgeschlossen (Ausnahme siehe oben).
- Eindämmung der Spekulation, des Chaletbaus und des Bodenverkaufs an Auswärtige über Anhebung der Anschlußkosten, Wegabgaben und Wassergebühren, über Erschwerungen im Baugenehmigungsverfahren und über Sondersteuern für Auswärtige.

3. *Besondere Unterstützung der einheimischen Parahotellerie und der familienbetriebenen Kleinhotels*
   (zur Erhaltung des einheimischen Tourismus-Kleingewerbes)

- Aufwertung und bessere Erreichbarkeit des Dorfrandes.
- Die Gemeinde stellt kapitalschwachen Betrieben, die von besonderer Bedeutung für den Ort sind, finanzielle Mittel für notwendige Investitionen zur Verfügung.
- Verbesserung der Marktsituation der Kleinbetriebe durch eine neue Gewichtung in der touristischen Information.

4. *Verbesserung der touristischen Information*
   (zur erfolgreichen «Vermarktung» des Konzepts)

- Attraktive Präsentation der neuen Angebotsqualität.
- In der Werbung muß das Image vom Bergbahnenort durch die Elemente «beschauliche Ruhe», «ökologisch-kulturelle Bestandeserhaltung» ergänzt werden.
- Einrichtung eines Beratungsbüros seitens der Gemeinde, das die Zimmervermieter und Hoteliers über die notwendigen Investitionen in den «sanften Tourismus» informiert, Fortbildungsveranstaltungen organisiert usw.
- Verbesserung der kulturellen Selbstdarstellung durch Ausstellungen und Veranstaltungen.
- «Erziehung» der Touristen zu einem angepaßten Verhalten durch gezielte Information.

5. *Bereitstellung neuer Dienstleistungsangebote*
   (zur besseren Auslastung der Zwischensaisons, zur Erweiterung des Kundenkreises, zur Reduktion der Abhängigkeit vom Tourismus im engeren Sinne)

- Ausbau der Konferenz- und Tagungseinrichtungen in mittleren und großen Hotels. Ausstattung mit modernen Telekommunikationsgeräten.
- Mittel- und Kleinhotels spezialisieren sich und offerieren psycho-therapeutische Aufenthalte, spezielle Kulturangebote mit originellen Schwerpunkten, Kinderwochen, Sonderangebote für kinderreiche Familien oder Schulklassen, Seniorenferien mit aktiven und fröhlichen Konzepten usw.
- Neben der Skischule verfügt der Ort über eine vom Verkehrsverein unterhaltene Berg-Öko-Schule, die bildungswilligen Touristen interessante Angebote unterbreitet.
- Die Bauernjugend eignet sich Kenntnisse in biologischem Land- und Gartenbau an oder spezialisiert sich auf die Fauna und Flora der Bergwelt. Sie bietet darüber im Nebenerwerb Kurse an.

*6. Erweiterung und Verbesserung des Arbeitsplatzangebotes
(zum Ausgleich der Arbeitsplatzverluste im Baugewerbe, zur Verbreiterung des Berufsfächers, zur Reduktion der Tourismusabhängigkeit)*

- *Das qualitatitve Entwicklungskonzept hat langfristig einen starken Rückgang der Baunachfrage zur Folge. Damit es auch bezüglich des Arbeitsmarktes mit der ungesteuerten Wachstumsentwicklung konkurrieren kann, müssen in anderen Sektoren in den nächsten 15 Jahren mindestens 200 neue attraktive Ganzjahresstellen für Einheimische geschaffen werden.*

- *Neue Berufe entstehen im Zusammenhang mit den neuen Dienstleistungsangeboten. Die Therapiekurse brauchen medizinisch und psychologisch geschulte Fachleute, die Kinder-, Senioren-, Öko- und Kulturangebote qualifizierte Animateure und Pädagogen.*

- *Als neuer zukunftsträchtiger und umweltverträglicher Berufszweig ist der Bereich der Mikroelektronik und der Computeranwendung zu erschließen. Solche Betriebe lassen sich durchaus auch außerhalb der Städte im Berggebiet ansiedeln. Die Gemeinde sollte eine gezielte Anwerbungspolitik für derartige «High-Tech-Unternehmungen» betreiben (Regelungstechnik, Tourismus-Software, Versicherungen, Handel usw.).*

- *Der Bausektor muß sich auf die Instandstellung traditioneller Bausubstanz und auf Technologien der Energieeinsparung spezialisieren (Isolation, Glasveranden, Kollektoren, Wärmepumpen).*

- *Der Fächer der Erwerbskombinationen Landwirtschaft/Tourismus/gewerbliche Tätigkeiten ist auszuweiten und vor allem bezüglich der sozialen Sicherheit attraktiver zu gestalten.*

- *Eine gezielte Berufsberatung soll die Jugend mit den neuen Berufsbildern bekannt machen.*

*7. Stützung der Landwirtschaft
(zur Erhaltung der traditionellen Wirtschafts- und Lebensform, zum Schutz der Kulturlandschaft, zur Reduktion der Tourismusabhängigkeit)*

- *Bodenpolitik zugunsten der Landwirte, insbesondere indem landwirtschaftlich wertvolles Land von Überbauungen freigehalten wird.*

- *Schaffung eines «Landwirtschaftsfonds» durch die Gemeinde. Gewährung von Krediten für Renovationen, den Einbau vermietbarer Ferienwohnungen usw. Spezielle Hilfen für Kleinbetriebe, damit der Fortbestand der Streusiedlung in traditioneller Bauweise garantiert bleibt.*

- *Förderung der Entwicklung zum landwirtschaftlichen Nebenerwerbsbetrieb und Verbesserung entsprechender Erwerbskombinationen.*

- *Organisation von Fortbildungskursen über naturnahe landwirtschaftliche Nutzungsformen und über die Ausgestaltung von Ferienangeboten auf dem Bauernhof.*

Allgemeine Lehren und Folgerungen aus dem qualitativen Wachstumsszenario

Mit dem Szenario «qualitatives Wachstum» wird versucht, wirtschaftliche Sicherheit, hohe Qualität des Lebens- und Erholungsraumes und Naturerhaltung gleichermaßen anzusteuern. Aber auch dieses Konzept ist nicht ohne Probleme. Zum einen macht die dem Bausektor eigene Dynamik eine Umorientierung besonders schwierig. Zum andern kann das Konzept nur dann erfolgreich verlaufen, wenn hinter ihm ein breites Einverständnis der Einwohner steht. Jede Einzelmaßnahme müßte ein Schlag ins Wasser sein, wenn nicht das Zielbündel als Gesamtes verfolgt wird. Aber auch so ist das Ergebnis eindeutig und überraschend zugleich: Um den Naturhaushalt zu schonen und die wirtschaftliche Prosperität zu erhalten, wird dem Ort ein sozialer und kultureller Wandel von beträchtlichem Ausmaß abverlangt. Die starke Öffnung der Entwicklung in der Richtung innovativer Konzepte wie «Öko-Tourismus» und «Neue Technologien» trägt kulturell fremde Momente in den Ort, und es wird an traditionellen Vorstellungen gerüttelt. Alles in allem also: Das Abweichen vom touristischen Wachstumspfad kostet seinen Preis, aber nicht unbedingt dort, wo wir ihn erwarten.

Die MAB-Forscher sind sich voll bewußt: Mit Vorschlägen, wie sie im Szenario 3 für Grindelwald gemacht wurden, ist der qualitative Entwicklungsweg nur sehr grob umrissen. Mehr kann die Wissenschaft kaum leisten. Die möglichen Maßnahmen müssen ergänzt, erklärt, konkretisiert und vor allem auf die jeweiligen besonderen örtlichen Verhältnisse abgestimmt werden. Das ist die anforderungsreiche Aufgabe der Praxis.

Ein pfannenfertiges Rezept, wie qualitatives Wachstum auszusehen hat, gibt es nicht. Ebensowenig, wie es so etwas wie einen «optimalen Entwicklungspfad» gibt. Die Beurteilung des Wachstums und seiner Grenzen läßt sich nicht objektivieren. All diese Fragen sind eng mit den subjektiven Bewertungen des einzelnen Bürgers verbunden. Und der Zeitgeist kann diese noch verändern. Für einen traditionsverhafteten und ökologisch bewußten Bauern etwa mag die Situation in einem Ort bereits als sehr bedenklich erscheinen. Ein dynamischer, auf modernes Wachstum setzender Typ hingegen wird sich über die noch vorhandenen Wachstumsreserven freuen und die Belastungen des Naturhaushaltes als durchaus erträglich einstufen. Was für den einen «Nutzung» der Landschaft bedeutet, ist für den anderen «Mißbrauch». Als Außenstehende kann man keinem Ort die Zielvorstellungen vorschreiben, die seine Bürger an die Ortsentwicklung knüpfen sollen. Man kann bestenfalls Argumente liefern, deren sich Betroffene wie Nichtbetroffene nach eigenem Gutdünken bedienen können.

Eines allerdings haben die Grindelwaldner Szenarios mit aller Deutlichkeit belegt, und es gilt überall: Die sanfte Wende ist nicht billig zu haben! Das qualitative Wachstum stellt sich nicht mit ein paar kosmetischen Retuschen am bisherigen Entwicklungskonzept ein. Man kann den Pelz nicht waschen, ohne ihn naß zu machen. Der Übergang zu einer angepaßteren Tourismusentwicklung in den Alpen braucht auf verschiedenen Gebieten ein grundsätzliches Um-Denken und Um-Handeln. Die beobachteten Fehlentwicklungen lassen sich nicht so leicht korrigieren, wie man eine Maschine repariert. Man kann nicht einfach einen gebrochenen Bolzen ersetzen oder etwas mehr Schmieröl beigeben, und dann läuft die Sache wieder rund. Wir können uns nicht auf ein bloßes Reparaturverhalten, auf die laufende Beseitigung auftretender Mißstände beschränken. Sonst würden wir uns schließlich darin erschöpfen, nur noch Folgen von Reparaturen zu reparieren. Und es bliebe uns nichts anderes übrig, als den Ereignissen ständig hinterherzurennen, ohne sie jemals in den Griff zu bekommen. Früher oder später müßte der Zusammenbruch eintreten.

Wenn wir von der eingespielten Wachstumsdynamik wegkommen wollen, bedarf es eines Ausbrechens aus den gewohnten Denk- und Verhaltensweisen: Es braucht die Phantasie und den Mut, sich eine «andere Zukunft» vorzustellen, die nicht bloß eine Projektion der bisherigen Sachzwänge ist.

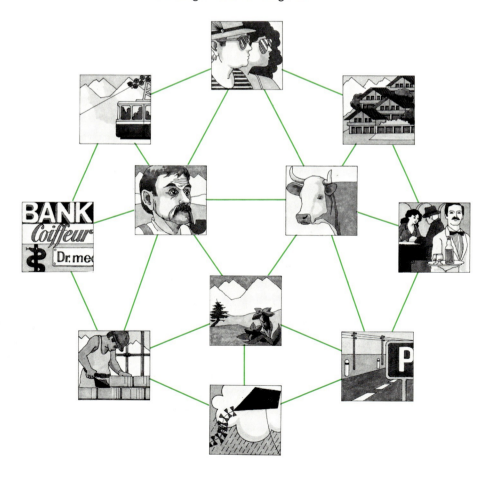

Fragebogen 4:
Wie steuern?

Stellen Sie sich nochmals Ihre Berggemeinde oder Ihren Lieblings-Ferienort im Berggebiet vor. Sehen Sie hier die Wachstumsprozesse im Tourismus ähnlich, wie wir sie mit der Tourismuswachstumsmaschine dargestellt haben?

○ ja ähnlich   ○ nein anders, Wie :_____

Glauben Sie, daß man dem weiteren touristischen Wachstum in Zukunft freien Lauf lassen kann, oder befürworten Sie eine Steuerung?
○ freier Lauf   ○ Steuerung

Glauben Sie, daß die bisherigen Maßnahmen zur Steuerung ausreichen, oder treten Sie für wirksamere Maßnahmen ein?
○ bisherige Maß-   ○ wirksamere Maßnahmen notwendig
nahmen ausreichend

Welche fünf wichtigsten Maßnahmen würden Sie zur besseren Steuerung und Kontrolle des touristischen Wachstums in Ihrer Gemeinde/Ihrem Ferienort vorschlagen?

1. _____
2. _____
3. _____
4. _____
5. _____

Wir haben im folgenden ebenfalls versucht, mit Blick auf alle Bergferienorte ein Maßnahmenpaket zusammenzustellen. Finden Sie Ihre Vorschläge darin wieder? Oder sind Sie zu anderen Ideen gekommen? Ihre Stellungnahme interessiert uns sehr. Senden Sie uns doch bitte eine Fotokopie dieses Fragebogens mit Ihren Antworten zu. Vielleicht möchten Sie auch weitere Anregungen zum Inhalt unserer Broschüre machen. Unsere Adresse: Forschungsinstitut für Freizeit und Tourismus an der Universität Bern, Monbijoustraße 29, 3011 Bern. Vielen Dank!

7.
Zehn Grundsätze für eine Tourismus-Entwicklung in Einklang mit Mensch und Natur

Aus den vorstehenden Erkenntnissen und den langjährigen praktischen Erfahrungen lassen sich zusammenfassend ein paar ganz klare und eindeutige Schlüsse für die Ausgestaltung einer qualitativen Tourismuspolitik ziehen. Wir haben sie in die Form von zehn Grundsätzen gekleidet. Die darin angesprochenen Dinge hängen zusammen, das eine bedingt das andere. Also: Wer A sagt, muß auch B sagen. Nur wenn auf all diesen Gebieten die Einsichten wachsen und zur Tat geschritten wird, ist eine Neuorientierung möglich.

Die Grundsätze widerspiegeln vor allem die **Sicht einer Berggemeinde** und ihrer Möglichkeiten, ihre Entwicklung aktiv zu gestalten. Sie zielen allesamt auf eine **Stärkung der inneren örtlichen Kontrolle** des Entwicklungsgeschehens ab. Ihr Hauptanliegen ist die **Sozial- und Umweltverträglichkeit des touristischen Wachstums**.

Grundsatz 1: Die Notwendigkeit des Eingriffs einsehen

Jedermann wird eingestehen müssen, daß der freie Lauf der Tourismusentwicklung nicht zur gewünschten Harmonie von Wirtschaft, Gesellschaft und Umwelt führt. Um aus dem Teufelskreis des quantitativen Wachstumskarussells auszubrechen – oder besser noch: um nicht hineinzugeraten, sind Eingriffe notwendig. Sie müssen einerseits auf eine Verlangsamung des Wachstumstempos und andererseits auf eine Umstrukturierung des Wachstums ausgerichtet sein.

Die Grundsätze 2–10 verdeutlichen die wesentlichen Stoßrichtungen dieser Politik des qualitativen Wachstums.

Grundsatz 2: Die schwächeren Elemente im Gefüge stärken und auswuchernde Elemente zurückbinden

Es gibt im «System Tourismusort» vor allem vier tendenziell schwächere Teile, die eines besonderen Schutzes bzw. einer besonderen Förderung und Begünstigung bedürfen, wenn das Gleichgewicht erhalten bleiben soll:

- **Die Natur gegenüber den Interessen der Wirtschaft.**
- **Die Landwirtschaft gegenüber dem Tourismus (vor allem gegenüber den weniger produktiven Tourismusformen).**
- **Die nachhaltig produktiven, sozial- und umweltverträglicheren Tourismusformen (z.B. Hotellerie, Aufenthaltstourismus) gegenüber den weniger produktiven und weniger verträglichen Tourismusformen (z.B. Zweitwohnungen, Tagesverkehr).**
- **Die Ortsansässigen gegenüber den Auswärtigen.**

Diese Forderung beinhaltet das Bekenntnis zu klaren Prioritäten (Hinweise zur konkreten Ausgestaltung sind in den Grundsätze 4–10 enthalten). Diese Rangordnung soll vor allem auch mithelfen, Zielkonflikte zu entschärfen, die überall und immer wieder auftreten werden.

Grundsatz 3: Ausbauziele verbindlich festlegen

Damit qualitative Zielsetzungen nicht nach Belieben interpretiert werden können, müssen die Tourismus-Orte und -Regionen ihre (End-)Ausbauziele quantitativ festlegen und daran festhalten. Die Ziele sollten von allen Betroffenen eingehend geprüft und diskutiert worden sein. Nicht das Machbare, sondern eine Beschränkung auf das Wünschbare (was eine Mehrheit nach Abwägen aller Nutzen und Gefahren als wünschbar erachtet) soll dabei verfolgt werden. Die Ziele sind mindestens für eine Generation (ca. 20 Jahre) verbindlich zu fixieren und hernach in demokratischer Weise zu überprüfen und neu zu bestimmen. Kurzzeitig auftretende Vollauslastung der Anlagen oder Engpässe dürfen keinesfalls dazu verleiten, die Ziele nach oben zu korrigieren.

Die Zielbestimmung kann zum Beispiel geschehen über die genaue Festlegung
- der Bettenzahlen in Hotellerie und Parahotellerie (inklusive Zweitwohnungen)
- der Förderleistung von Seilbahnen und Skiliften
- der Größe und Nutzungsintensität der Bauzonen
- der Kapazität der Wasser- und Kanalisationsanlagen
- der Größe der Straßen und Parkplätze
- des Zahlenverhältnisses von Einheimischen und Gästen

Grundsatz 4: Die Kontrolle über Grund und Boden behalten – eine aktive Raumordnungs- und Bodenpolitik betreiben

Die Gemeinden müssen die raumplanerischen Mittel als ihr wirkungsvollstes Steuerungsinstrument gezielt und konsequent einsetzen. Die Erhaltung der Verfügungsgewalt über den Boden ist eine der wichtigsten Voraussetzungen für die Bewahrung ihrer wirtschaftlichen und sozio-kulturellen Eigenständigkeit.

Das kann zum Beispiel geschehen über:
- Beschränkungen des Baugebietes durch: sparsame Ausscheidung von Bauzonen, Aufteilung des Baugebietes in Bauetappen, Abschluß von Bauverzichtsverträgen mit Bauland-Eigentümern, Erlaß von befristeten Bauverboten und dergleichen
- Ausscheidung von Bauzonen, die ausschließlich für Häuser Ortsansässiger bestimmt sind
- Landerwerb durch die Gemeinde zwecks dauernder Freihaltung oder bestimmt für Wohnungsbau der Ortsansässigen
- Abgabe von Land in Baurecht anstatt Bodenverkauf
- Unterbindung des Grundstückverkaufs an Ausländer
- Vermehrte Nutzung bestehender Bausubstanz durch: Ausbau von Ferienwohnungen in bewohnten Bauernhäusern, Anreize zur Erhaltung und zum Ausbau leerstehender Gebäude, Erstellung eines Inventars erhaltenswerter Bauten und dergleichen

- Verschärfung der Auflagen für den Zweitwohnungsbau durch: Fixierung des Anteils an Erstwohnungen, Erhöhung der Gebühren und Beiträge an die Infrastruktur und dergleichen

usw.

Grundsatz 5: Eine zurückhaltende Erschließungspolitik verfolgen

Infrastruktur- und Transportanlagen nehmen als eigentliche Schrittmacher im touristischen Wachstumsprozeß eine Schlüsselstellung ein. Beim Bau neuer oder bei der Erweiterung bestehender Infrastrukturanlagen (insbesondere Straßen, Parkplätze, Wasserversorgung, Kanalisation usw.) und touristischer Transporteinrichtungen (Luftseilbahnen und Skilifte) ist deshalb größte Zurückhaltung und eine strikte Beachtung der Ausbau-Ziele geboten.

Das kann zum Beispiel geschehen über:
- «Knappe» Dimensionierung der Anlagen gemäß den Ausbau-Zielen, Verzicht auf den Einbau größerer Reserven. Auftretende Engpässe sind bewußt in Kauf zu nehmen
- Erschließungsetappierung: Zeitliche Staffelung im Bau der Infrastrukturanlagen
- Schärfere Auflagen für die Bewilligung neuer und für die Erhöhung der Förderleistung bestehender touristischer Transportanlagen. Bewilligung z.B. vom Vorliegen einer umfassenden regionalen Skigebietsplanung inklusive Endausbau-Konzept abhängig machen
- Verzicht auf weitere mechanische Erschließung des Hochgebirges
- Verzicht auf weiteren Bau und Ausbau von Hochleistungsstraßen

usw.

Grundsatz 6: Natur und Landschaft wirksam schützen – für eine «grüne» Entwicklungspolitik einstehen

Das «Grüne», die intakte Natur- und Kulturlandschaft ist der Gegenstand der touristischen Nachfrage. Wenn die Alpen ihren wirtschaftlichen Trumpf Nr. 1 als Kontrastraum zu den verstädterten Industriegebieten erhalten wollen, müssen sie die Schutzinteressen vor die Verwertungsinteressen stellen. Wenn es eine Politik gibt, die resolut grün sein muß, dann ist es die touristische Entwicklungspolitik.

Das kann zum Beispiel geschehen über:
- Beschränkungen des Baugebietes und zurückhaltende Erschließungspolitik (vgl. Grundsätze 4 und 5)
- Errichtung von großräumigen Schutzzonen, die besonders wertvolle Landschaften vor Überbauung, Erschließung und Intensivierung der landwirtschaftlichen Nutzung bewahren
- Einrichtung von kleinräumigen Naturschutzreservaten, die von jeglichem menschlichen Eingriff freizuhalten sind
- Beizug von Naturschutzfachleuten bei allen Planungs- und Bauarbeiten
- Verbesserung der Bauvorschriften hinsichtlich Gesamtgestaltung und Baustil
- Unterstützung der landwirtschaftlichen Kleinbetriebe und der Be-

strebungen zur Extensivierung der Landwirtschaft (vgl. Grundsatz 7)
- Verzicht auf Planierungen und Geländekorrekturen bei der Anlage von Skipisten
- Vorausschreitende Maßnahmen zur Reinhaltung der Luft: scharfe Vorschriften und Kontrollen betreffend Hausfeuerung, Einschränkungen im Privatverkehr, Einrichtung verkehrsfreier Zonen, Förderung des öffentlichen Verkehrs
- Unterstützung der Maßnahmen zur besseren Waldbewirtschaftung und gegen das Waldsterben
- Einhalten schärfster Gewässerschutz-Normen
- Erlaß von Lärmbekämpfungsreglementen (insbesondere Verkehrslärm, Baulärm)

usw.

Grundsatz 7: Die Land- und Forstwirtschaft stärken und als Partner gewinnen

Die Landwirtschaft spielt in einem auf die Erhaltung der natürlichen und kulturellen Eigenarten ausgerichteten Entwicklungskonzept eine ausschlaggebende Rolle. Alle Maßnahmen und Anliegen, die zur Stärkung einer vielseitigen und umwelthegenden Berglandwirtschaft geeignet sind, müssen deshalb nachhaltig unterstützt werden. In allen wichtigen Entwicklungsfragen ist eine partnerschaftliche Zusammenarbeit Landwirtschaft/Tourismus sowohl in der Entscheidfindung als auch in der Ausführung anzustreben.

Das kann zum Beispiel geschehen über:
- Gemeinsame Absichtserklärung der touristischen, gewerblichen und landwirtschaftlichen Entscheidträger, die Zukunftsprobleme partnerschaftlich anzugehen. Schaffung eines gegenseitigen Vertrauensklimas
- Schutz von gutem Landwirtschaftsland vor Überbauung durch Einteilung in die Landwirtschaftszone. Generelle Beschränkung des Baugebietes (vgl. Grundsatz 4)
- Ausrichtung genügender Entschädigungen für Durchfahrtsrechte und Ertragsausfälle im Zusammenhang mit Luftseilbahnen, Skiliften und Pisten
- Kauf von landwirtschaftlichen Flächen durch die Gemeinde und Vermittlung an interessierte Landwirte
- Förderung und attraktivere Gestaltung von Berufskombinationen Landwirtschaft/Tourismus/gewerbliche Tätigkeiten durch den Einbau sozialer Sicherheit, verbesserte Ausbildung und flexible Lösungen
- Unterstützung all jener agrarpolitischen Anliegen, die darauf abzielen, die Einkommenssituation der Bergbauern zu verbessern, eine möglichst große Zahl von Bauernbetrieben zu erhalten und umweltschonende (extensive) Bewirtschaftungsmethoden zu fördern. Insbesondere: Ausbau der Direktzahlungen an die Bergbauern zur Abgeltung ihrer Leistungen zugunsten der Landschaftspflege und -erhaltung (Flächenbeiträge), Bezahlung besserer (regional differenzierter) Preise für landwirtschaftliche Produkte
- Befürwortung eines neuen bäuerlichen Bodenrechts, das die Landwirtschaftsbetriebe der Spekulation entziehen und den Erwerb durch Selbstbewirtschafter sicherstellen soll

usw.

Grundsatz 8: Den Fächer der wirtschaftlichen Tätigkeiten gezielt verbreitern – die Qualität der Arbeitsplätze verbessern

Der Gefahr einer einseitigen Wirtschaftsentwicklung und einer zu starken Abhängigkeit von einzelnen Tätigkeitsbereichen – insbesondere vom Tourismus und vom Bausektor – ist durch eine bewußte Wirtschafts- und Arbeitsmarktpolitik zu begegnen. Sie hat zum Ziel, die Wirtschaft breiter abzustützen, ihre Anfälligkeit zu verringern und die Einkommenswirkung zu verbessern.

Das kann zum Beispiel geschehen über:
- Stärkung der landwirtschaftlichen Berufe (vgl. Grundsatz 7)
- Zurückbildung des auf Neubau orientierten Bausektors, Umorientierung auf die Instandstellung traditioneller Bausubstanz, Spezialisierung auf Technologien der Energieeinsparung
- Schaffung neuer Arbeitsplätze bzw. Berufe, z.B. im Bereich der Mikroelektronik und der Computeranwendung durch gezielte Anwerbung derartiger Unternehmungen
- Ausbildung von Einheimischen in Arbeiten, die bisher nach außen vergeben wurden, wie technische Unterhaltsarbeiten in Hotellerie und Transportgewerbe, Werbeberatung und -gestaltung und dergleichen
- Erweiterung der Hotelberufe in Richtung Animation, Freizeit- und Gesundheitsberatung
- Verbesserung der Berufskombinationen Landwirtschaft/Tourismus/gewerbliche Tätigkeiten (vgl. Grundsatz 7)
- Unterstützung des Einbaus von Ferienwohnungen in Bauernhäusern
- Förderung der lokalen Verarbeitung und Vermarktung einheimischer Nahrungsmittel und Materialien, wie z.B. Holz, Stein, Wolle, und Förderung regionaler Spezialitäten
- Förderung der Hotellerie und insbesondere der Hotel-Erneuerung durch finanzielle Beihilfen, Begünstigung hinsichtlich Planungs- und Bauvorschriften, Gebühren und Beiträge
- Förderung der zwischenbetrieblichen Zusammenarbeit, insbesondere in Hotellerie und Transportgewerbe
- Verbesserung der Berufsberatung und der Aus- und Weiterbildung in allen Berufen

usw.

Grundsatz 9: Die einheimische Kultur pflegen

Zu einer selbstbestimmten, auf die Bedürfnisse der Ortsansässigen abstellenden Entwicklung gehört ein eindeutiges Bekenntnis zur einheimischen Kultur. Ihre besondere Pflege dient der Förderung der Eigenständigkeit der Bevölkerung.

Das kann zum Beispiel geschehen über:
- Erhaltung und Förderung des regionalen Kulturgutes, des regionalen Handwerks, der regionalen Kunstdenkmäler und Architektur
- Unterstützung regionaler Bräuche und Dialekte
- Stärkung des Vereinslebens
- Unterstützung besonderer kultureller Einrichtungen (wie Museen) und Veranstaltungen
- Übernahme der landesüblichen Stilelemente, Bauformen und

Materialien in die Architektur
- Einbezug einheimischen Kulturschaffens in der Ausstattung von Bauten
- Angebot lokaler Spezialitäten in der Gastronomie
- Betonung der einheimischen Kultur im Tourismus-Marketing

usw.

Grundsatz 10: Das Tourismus-Marketing und die Information in den Dienst des «sanften» Entwicklungskonzeptes stellen

Eine angepaßte Tourismusentwicklung hat nur dann eine Chance, sich auf breiter Ebene durchzusetzen, wenn es gelingt, alle Betroffenen – die einheimische Bevölkerung, die Tourismus-Unternehmer und -Politiker und die Touristen – zu einem sozial- und umweltverantwortlichen Handeln zu veranlassen. Sämtliche Mittel des Tourismus-Marketings und der allgemeinen Information müssen konsequent auf die neuen Inhalte und das Mobilisieren von Bewußtsein auf allen Ebenen ausgerichtet werden.

Das kann zum Beispiel geschehen über:
- Ausstattung des gesamten touristischen Angebotes mit einem unverkennbaren lokalen Profil, Verzicht auf eine Anpassung an den touristischen Einheitsstil
- Stärkere Betonung von ökologischen und kulturellen Elementen in der Tourismuswerbung
- «Erziehung» der Touristen zu einem angepaßten Verhalten durch spezielle Hinweise und Aktionen
- Information und Motivation der Einheimischen über die Schule, politische Parteien, Kirche, Beratungsstellen

usw.

***

Die Möglichkeiten zur Verwirklichung einer angepaßten Tourismusentwicklung liegen in der Schweiz vor allem in den Händen der Gemeinden und der hier ansässigen einzelnen Bürger. Von ihrer Ein- und Weitsicht, von ihrem Tun oder Unterlassen wird es in erster Linie abhängen, welche Entwicklung eintreten wird. So beziehen sich denn die vorstehenden «zehn Gebote» vor allem auf diese lokale Ebene. Sehr wichtig ist allerdings auch, daß die regionale Politik, die kantonale Politik und die Bundespolitik in die gleiche Richtung marschieren und die Anstrengungen der Gemeinden wirksam ergänzen.

Aber: Die Tourismusentwicklung wird nur dann die gewünschte Wende nehmen, wenn man nicht auf irgendwelche «andere» hofft, sondern selbst einen überzeugten und begeisterten Anfang macht. Jeder von uns trägt dabei Verantwortung. So gesehen, hat auch der kleinste Schritt in die richtige Richtung in sich einen Wert: die «kleine persönliche Revolution» als Auftakt und Voraussetzung der großen Veränderung.

Literaturverzeichnis

APEL H.: Dynamische Simulation eines Bergökosystems, Testgebiet Grindelwald, in: Schlußberichte zum Schweiz. MAB-Programm Nr. 5, Bundesamt für Umweltschutz, Bern 1983

APEL H./SCHEURER Th./WIESMANN U.: Grindelwald im Umbruch, Szenarische Überlegungen zu Entwicklungsmöglichkeiten des MAB-Testgebietes Grindelwald, Arbeitsbericht, Bern 1985

BELLWALD A./MOOSER M./BLATTER M./ZURSCHMITTEN K.: Der touristische Arbeitsmarkt im Berggebiet: Angebot, Nachfrage, Steuerungsmöglichkeiten, in: Arbeitsbericht Nr. 51 zum NFP «REGIONALPROBLEME», Bern 1985

BERATENDE KOMMISSION FÜR FREMDENVERKEHR DES BUNDESRATES: Das Schweizerische Tourismuskonzept, Grundlagen für die Tourismuspolitik, Schlußbericht, Bern 1979

BRIDEL L./MEISTER A.: Tourisme et économie régionale au Pays-d'Enhaut, Association MAB-Pays-d'Enhaut, Rapport no 13, CERME, Château-d'Oex 1982

BRUGGER E.A./FREY R.L.: Regionalpolitik Schweiz – Ziele, Probleme, Erfahrungen, Reformen, Schlußbericht zum NFP «REGIONALPROBLEME», Verlag Paul Haupt, Bern 1985

BRUGGER E.A./FURRER G./MESSERLI B./MESSERLI P. (Hrsg.): Umbruch im Berggebiet, Verlag Paul Haupt, Bern 1984

BUNDESAMT FÜR RAUMPLANUNG (EIPD/BRP) (Hrsg.): Zweitwohnungen in: Raumplanung, Informationsheft Nr. 1/86, Bern 1986

EIDG. VOLKSWIRTSCHAFTSDEPARTEMENT (Hrsg.): Qualitatives Wachstum, Bericht der Expertenkommission, in: Studie Nr. 9 des Bundesamtes für Konjunkturfragen, Bern 1985

ELSASSER H./LEIBUNDGUT H./LENDI M./SCHWARZ HP.: Nichttouristische Entwicklungsmöglichkeiten im Berggebiet, Schriftenreihe zur Orts-, Regional- und Landesplanung Nr. 29, Zürich 1982

FRACHEBOUD J.F.: Modèle de simulation d'un écosysteme de montagne – aire-test Pays-d'Enhaut, in: Schlußberichte zum Schweiz. MAB-Programm Nr. 6, Bundesamt für Umweltschutz, Bern 1984

GUENTER Th.: Nutzungsgeschichte des MAB-Testgebietes Davos, in: Schlußberichte zum Schweiz. MAB-Programm Nr. 13, Bundesamt für Umweltschutz, Bern 1985

HÄNNI H.D.: Saisonalität und touristischer Arbeitsmarkt, in: Arbeitsmarktentwicklung: Schicksalsfrage der Regionalpolitik? Brugger E.A. (Hrsg.), Themenheft des NFP «REGIONALPROBLEME», Verlag Rüegger, Dießenhofen 1984

HASSLACHER P.: Ökonomie und Ökologie im Widerstreit, dargestellt am Beispiel des Nationalparks Hohe Tauern/Österreich, in: Fachbeiträge zur Schweiz. MAB-Information Nr. 18, Bern 1983

KELLER P./KNEUBÜHL U.: Die Entwicklungssteuerung in einem Tourismusort, Untersuchung am Beispiel von Davos für den Zeitraum 1930–1980, Schlußbericht MAB, Bern 1982

KRIPPENDORF J.: Die Landschaftsfresser, Tourismus und Erholungslandschaft – Verderben oder Segen? Verlag Hallwag, Bern 1975

KRIPPENDORF J.: Fehlentwicklungen im Schweizer Tourismus - Vom immer größer werdenden Graben zwischen Zielen und Wirklichkeit und von den Möglichkeiten, ihn zu überbrücken, in: Schweizer Tourismus – Weichen für die Zukunft richtig gestellt, Schweiz. Fremdenverkehrsverband/EVED (Hrsg.), Bern 1983

KRIPPENDORF J.: Die Ferienmenschen – Für ein neues Verständnis von Freizeit und Reisen, Verlag Orell Füßli, Zürich 1984

KRIPPENDORF J./KRAMER B./MÜLLER H.R.: Freizeit und Tourismus – Eine Einführung in Theorie und Politik, in: Berner Studien zum Fremdenverkehr, Heft 22, Verlag Forschungsinstitut für Fremdenverkehr, Bern 1986

KRIPPENDORF J./MESSERLI P./HÄNNI H. (Hrsg.): Tourismus und regionale Entwicklung, Themaband NFP «REGIONALPROBLEME» und «MAB», Verlag Rüegger, Dießenhofen 1928

KRUKER R.: Jugend im Berggebiet, Berufliche, soziale, kulturelle und räumliche Orientierungen, Schlußbericht NFP «REGIONALPROBLEME», Verlag Rüegger, Dießenhofen 1984

KYBURZ R./SCHMID B.: Ein Gesamtmodell für die Region Pays-d'Enhaut, Schlußbericht zum Schweiz. MAB-Programm Nr. 4, Bundesamt für Umweltschutz, Bern 1983

LANGENEGGER H./VON GRÜNIGEN Chr.: Tiefschneeskifahren und Waldverjüngung im Bereich der oberen Waldgrenze, Ergebnisse einer Untersuchung im Testgebiet Grindelwald, in: Fachbeiträge zur Schweiz. MAB-Information Nr. 15, Bern 1983

LESER H./MOSIMANN Th.: Geoökologische Untersuchungen zu Erosionsausmaß, Erosionsgefährdung und Regenerationsfähigkeit alpiner Hänge mit Skipistenplanierungen, in: Fachbeiträge zur Schweiz. MAB-Information Nr. 10, Bern 1982

LIEBERHERR F.: Des hommes et des natures, Le Pays-d'Enhaut en 1984, in: Schlußberichte zum Schweiz. MAB-Programm Nr. 8, Bundesamt für Umweltschutz, Bern 1984

MAB-Grindelwald (Hrsg.): Grindelwald im Spiegel der Einzeluntersuchungen des MAB-Projektes, Erste Fassung, Bern 1984

MATTIG F./ZEITER H.P.: Der touristische Wachstumsprozeß im MAB-Testgebiet Aletsch, seine räumliche Ausprägung und wirtschaftliche Auswirkungen auf Bevölkerung, Arbeitsmarkt und Gemeindefinanzen, Schlußbericht MAB, Verlag Druck AG, Fiesch 1984

MEISTERHANS E.: Entwicklungsmöglichkeiten für Vegetation und Boden auf Skipistenplanierungen, in: Fachbeiträge zur Schweiz. MAB-Information Nr. 10, Bern 1982

MESSERLI P.: Auf die Landwirtschaft einwirkende und von der Landwirtschaft ausgehende Belastungen – Versuch einer Bilanz, in: Die Berglandwirtschaft im Spannungsfeld zwischen Ökonomie und Ökologie, Kolloquium MAB vom 23. November 1984, Bern 1985

MESSERLI P.: Touristische Entwicklung im schweizerischen Berggebiet: Auswirkungen auf Wirtschaft, Gesellschaft und Umwelt, in: Der Mensch in der Landschaft, Festschrift für Georges Grosjean, Geographische Gesellschaft Bern, Bern 1986

MESSERLI B./MESSERLI P.: Wirtschaftliche Entwicklung und ökologische Belastbarkeit im Berggebiet (MAB), in: Fachbeiträge zur Schweiz. MAB-Information Nr. 1, Bern 1979

MEYRAT-SCHLEE E.: Werte und Verhalten, Bedeutung und Wirkungsweise von Wertsystemen im Entwicklungsprozeß einer Berggemeinde, aufgestellt am Beispiel von Grindelwald, in: Schlußberichte zum Schweiz. MAB-Programm Nr. 2, Bundesamt für Umweltschutz, Bern 1983

MOSER H.R.: Die lufthygienischen Verhältnisse im Hochtal von Davos, in: Schlußberichte zum Schweiz. MAB-Programm Nr. 16, Bundesamt für Umweltschutz, Bern 1985

MÜLLER H.R.: Tourismus in Berggemeinden: Nutzen und Schaden. Eine Synthese der MAB-Forschungsarbeiten aus tourismuspolitischer Sicht, in: Schlußberichte zum Schweiz. MAB-Programm Nr. 19, Bundesamt für Umweltschutz, Bern 1986

MULLER A.: Pratiques et représentations paysannes du Pays-d'Enhaut, un monde tranversal et traverse, Association MAB-Pays-d'Enhaut, Rapport no 20, CERNE, Château-d'Oex 1983

NÄGELI R.: Die Berglandwirtschaft und Alpwirtschaft in Grindelwald, in: Schlußberichte zum Schweiz. MAB-Programm Nr. 21, Bundesamt für Umweltschutz, Bern 1986

REINHARDT E.: Entwicklung von Ferienorten – Die Beteiligung der Ortsansässigen, Empfehlungen für die Praxis, in: Schriftenfolge Nr. 34 der Schweizerischen Vereinigung für Landesplanung, Bern 1982

REINHARDT E. / SCHLÄPFER H. / SCHWARZE M./HENZ HR.: Tourismus und Erholung in Beziehung zur Land- und Forstwirtschaft, Schlußberichte zum Schweiz. MAB-Programm Nr. 1, Bundesamt für Umweltschutz, Bern 1983

RENEVEY B.: Evaluation ornithoécologique de paysage de la région d'Aletsch, in: Fachbeiträge zur Schweiz. MAB-Information Nr. 20, Bern 1984

SCHEURER Th.: Bodenbildung und Bodenveränderung im Berggebiet (Testgebiet Grindelwald), in: Schlußberichte zum Schweiz. MAB-Programm Nr. 12, Bundesamt für Umweltschutz, Bern 1985

SCHWEIZ. ARBEITSGEMEINSCHAFT FÜR DIE BERGBEVÖLKERUNG (Hrsg.): Das Einkommen der Bergbauern, Bericht einer Arbeitsgruppe

SCHWEIZ. FREMDENVERKEHRSVERBAND (Hrsg.): Zweitwohnungen, ein touristisches Dilemma? Leitfaden zur Steuerung der Entwicklung, Bern 1985

VOLZ R./BAUMGARTNER M.: Vergleichende Darstellung und Interpretation der lufthygienischen Messungen in den MAB-Testgebieten Davos und Grindelwald, in: Fachbeiträge zur Schweiz. MAB-Information Nr. 22, Bern 1985

VWD Kt. WALLIS: Volkswirtschaftsdepartement des Kantons Wallis, Amt für Tourismus (Hrsg.), Die wirtschaftliche Bedeutung des Tourismus im Wallis, Brig 1981

WANNER H.: Aspekte sozialen Wandels in peripheren Agrarräumen eines Industrielandes, Kurzbericht einer sozialgeographischen Untersuchung im schweizerischen Berggebiet, Fachbeiträge zur Schweiz. MAB-Information Nr. 17, Bern 1983

WIESMANN U.: Die wirtschaftliche, gesellschaftliche und räumliche Bedeutung des Fremdenverkehrs in Grindelwald, in: Schlußberichte zum Schweiz. MAB-Programm Nr. 24, Bundesamt für Umweltschutz, Bern 1986

Fotonachweis

Alpines Museum, Bern 8, 11, 13o
Christine Blaser, Bern, 22u, 23, 26o, 33, 56r, 71, 73
Fingerhuth und Partner, Zürich, 29u
Heimatmuseum Grindelwald, 14
Ralph Krebs, Kirchlindach, 31l, 60o
Pierre Lainé, Chambéry (F), 10
Herbert Maeder, Rehetobel, Titelbild
Fritz Müller, Teufen, 60u
Fernand Rausser, Bolligen bei Bern, 31r, 55l, 84u
Schweiz. Dokumentationsstelle für Wildforschung, Zürich, 43o
Schweiz. Verkehrszentrale, Zürich 24u, 25
Schweizer Hotelierverein, Bern, 19, 53
Swissair, Zürich, 64
Hansueli Trachsel, Bern, 45
Alberto Venzago, Zürich 36u, 57
Verkehrsverein Graubünden, Chur, 77
Verlagsgesellschaft Beobachter AG, Glattbrugg, 13u
Urs Wiesmann, Bern, 42u, 46, 48, 81o
Forschungsinstitut für Freizeit und Tourismus an der Universität Bern, Hansruedi Müller, alle übrigen Bilder